新时代浙商管理经验丛书

U0615795

# 新时代浙商转型和管理升级经验

董进才 主编

沈渊 赵昶 副主编

经济管理出版社

ECONOMY & MANAGEMENT PUBLISHING HOUSE

图书在版编目（CIP）数据

新时代浙商转型和管理升级经验 / 董进才主编 . —北京：经济管理出版社，2021. 1
ISBN 978-7-5096-7678-3

Ⅰ. ①新…　Ⅱ. ①董…　Ⅲ. ①企业管理—经验—浙江　Ⅳ. ①F279. 275. 5

中国版本图书馆 CIP 数据核字（2020）第 011091 号

组稿编辑：张莉琼
责任编辑：张莉琼
责任印制：黄章平
责任校对：董杉珊

出版发行：经济管理出版社
　　　　　（北京市海淀区北蜂窝 8 号中雅大厦 A 座 11 层　100038）
网　　址：www. E-mp. com. cn
电　　话：（010）51915602
印　　刷：北京晨旭印刷厂
经　　销：新华书店
开　　本：720mm×1000mm/16
印　　张：13. 25
字　　数：224 千字
版　　次：2021 年 2 月第 1 版　　2021 年 2 月第 1 次印刷
书　　号：ISBN 978-7-5096-7678-3
定　　价：78. 00 元

# 总　序

　　浙商是中国当代四大商帮之首。千余年来浙商风云际会，人才辈出，在浙江乃至世界各地书写了波澜壮阔的商业历史。从唐朝资本主义萌芽，到明清时期民族工商业的脊梁，浙商用敢闯敢拼的进取精神和踏实肯干的务实作风，用商业实践写就了中国民族资本主义发展的篇章。历史上，大量浙商曾在民族经济和民族企业发展过程中留下了浓墨重彩的一笔，如明初天下首富沈万三，清末红顶商人胡雪岩、五金大亨叶澄衷等。自改革开放以来，大批浙商纷纷登上时代的舞台，秉持"历经千辛万苦、说尽千言万语、走遍千山万水、想尽千方百计"的"四千精神"，在改革开放中取得了举世瞩目的伟大成就，一大批知名企业家如鲁冠球、马云、李书福、杨元庆、宗庆后等走在了中国改革开放的最前沿，成为改革开放的商业领袖，引领浙商企业在商业实践中砥砺前行，取得了空前伟业。

　　随着中国民营经济的蓬勃发展，浙商企业已成为中国民营企业发展的一面响亮旗号，威名响彻大江南北。"浙商"企业早已不是当初民营经济的"试水者"，而是助推中国经济腾飞的"弄潮儿"。"冰冻三尺非一日之寒"，浙商企业的成功既有其历史偶然性，更有其历史必然性。浙商企业的蓬勃发展是中国改革开放的一个缩影，通过"千方百计提升品牌、千方百计保持市场、千方百计自主创新、千方百计改善管理"的"新四千精神"，浙商企业在激烈的市场竞争中占据重要地位，浙商企业的管理实践经验对中国本土企业的发展有着深刻的启迪和引领作用。这其中蕴含的丰富管理理论和实践经验需要深入挖掘。

　　当前中国特色社会主义进入了新时代，这是我国发展新的历史方位。新时代下互联网经济和数字经济引领发展，以阿里巴巴为代表的移动支付等数字交易平台发展全国领先，新经济催生了新的管理理念和管理模式，新时代催生浙商新使命、新征程、新作为和新高度。对新时代浙商企业管理经验的全方位解读，并产出科研和教学成果，是产学、产教融合的有效途径，也是对浙商群体乃至其他商业群体发展的指路明灯。

2019年恰逢中华人民共和国成立70周年，浙江财经大学成立45周年，浙江财经大学工商管理学院成立20周年。浙江财经大学工商管理学院在全院师生的不懈努力下，在人才培养、科学研究和社会服务方面做出了理想的成绩。新时代工商管理学院也对商科教育不断开拓创新，坚持"理论源于实践，理论结合实践，理论指导实践"思想重新认知和梳理新商科理念。值此举国欢庆之际，浙江财经大学工商管理学院聚全院之智，对新时代浙商管理经验进行总结编纂，围绕新时代浙商管理经验展开剖析，对新时代浙商企业的实践管理经验进行精耕细作的探讨。深入挖掘浙商企业成功的内在原因，进一步探讨新时代浙商企业面临的机遇和挑战。我们期望，这一工作将对传承浙商改革创新和拼搏进取的精神，引领企业发展和助推中国和浙江的经济高质量发展起到重要作用。

本系列丛书研究主题涵盖新时代浙商企业管理的各个方面，具体包括："新时代浙商企业技术创新和管理创新经验""新时代浙商文化科技融合经验""新时代浙商互联网+营销管理经验""新时代浙商跨国并购管理经验""新时代浙商绿色管理经验""新时代浙商企业社会责任管理经验""新时代浙商国际化经营管理经验""新时代浙商互联网+制造管理经验""新时代浙商知识管理经验""新时代浙商商业模式创新经验""新时代浙商战略管理经验""新时代浙商营销管理经验""新时代浙商转型和管理升级经验""新时代浙商转型和营销升级经验"等。本丛书通过一个个典型浙商管理案例和经验的深度剖析，力求从多个维度或不同视角全方位地阐述浙商企业在改革开放中所取得的伟大成就，探讨全面深化改革和浙商管理创新等的内涵及其关系，进一步传承浙商的人文和商业精神，同时形成浙商管理经验的系统理论体系。

本系列丛书是浙江财经大学工商管理学院学者多年来对浙商企业管理实践的学术研究成果的结晶。希望本系列丛书的出版为中国特色管理理论发展增添更多现实基础，给广大浙商以激荡于心的豪情、磅礴于怀的信心、砥砺前行的勇气在新时代去创造更多的商业奇迹，续写浙商传奇的辉煌。相信本系列丛书的出版也在一定程度上会对新时代其他企业发展提供必要的智力支持，从多个角度助推中国民营经济的发展。

浙江财经大学党委委员　组织部、统战部部长

**董进才教授**

# PREFACE
## 前 言

　　浙江省大学生经济管理案例竞赛由浙江省教育厅、浙江省经济和信息委员会主办，以实践调研为基础，采用自主选题方式，参赛队选择某一经济管理领域的研究对象（企业、行业、区域），通过对研究对象进行深度调研，运用相关经济管理理论，深入分析研究对象的成功经验或失败教训，撰写成参赛案例。该竞赛不仅能够有效增强大学生的实践创新能力和团结协作精神，发掘、提炼、传播当前经济转型升级和管理创新实践中的特色亮点，从而提升学生解决实际问题的能力；同时，也有利于促进经济管理类专业建设，提升案例研究与教学水平。

　　本系列丛书收录了浙江财经大学工商管理学院师生在 2016～2019 年浙江省大学生经济管理案例大赛的获奖案例。丛书研究主题分两个方向：转型升级与管理、营销提升。这些案例有以下共同点：一是原创浙商实战案例。即浙江财经大学参赛学生在浙江财经大学工商管理学院教师的专业指导下，深入企业调研，运用经济管理理论与方法分析浙商成功与失败经验；二是从不同视角诠释了浙商企业不断进取的创新精神，记录了浙商企业完整的发展历程，为推广先进适用的管理理念、方法和模式提供案例借鉴。本系列丛书是浙江财经大学工商管理学院师生三年来对浙江省大学生经济管理案例竞赛的成绩汇报，也是产教深度融合的育人成果的结晶。

　　本书共收集 11 篇具有特色的浙商转型和管理升级案例，主要有：

　　第一篇　巧妇能为无米之炊：基于拼凑理论的新创企业成长之路。

　　第二篇　转型升级　"剩"者为王：绿色能源中小企业制造服务化。

　　第三篇　党建构造民营企业组织文化体系研究：以红狮控股集团为例。

　　第四篇　小底盘，大制造：解读天昱"SCS"耦合转型模式。

　　第五篇　传统制造业新出路：企业文化与价值链双轮驱动。

第六篇　合法性视角下的商业模式和二次创新的共同演变：源牌科技1994~2018年纵向案例研究。

第七篇　基于全球价值链理论的代工厂转型之路：台州劲霸OEM-ODM-OBM自主品牌建设路径。

第八篇　"家业"何以常青：代际传承组合创业耦合模式。

第九篇　点滴累积，成就卓越：6S管理模式赋能金舟科技的创新之路。

第十篇　雏凤清于老凤声：基于双重社会资本的二代创业路径研究。

第十一篇　培训为巢云作枝：云计算环境下的企业培训服务新模式研究。

结论篇　新时代浙商转型和管理升级经验和启示。

本书涉及的企业涵盖新能源行业、智能科技、能源电力、制品加工业、材料化工业、汽车制造业、软件和信息服务业等。各行各业的案例从不同的角度切入，以不同的管理创新组成了一个较为丰富的案例库。从这些丰富的案例中，可以看到这些企业均是结合自身发展的特点采取战略创新、企业文化创新、技术创新、转型升级、营销策略创新、服务创新等。为方便大家阅读和参考，本书在每篇案例经验分析的基础上，概括总结出管理创新的六大经验和启示。具体而言如下：

（1）坚持价值创新，提高机会识别能力；

（2）做好企业文化顶层设计，凝心聚力促进企业发展；

（3）规划创新模式，提高创新能力；

（4）优化价值链管理，提高转型升级竞争力；

（5）注重转型战略规划，构建代工自主品牌建设；

（6）探索代际传承创新模式，推进企业持续发展。

本书是集体智慧的结晶。第一篇"'巧妇能为无米之炊'：基于拼凑理论的新创企业成长之路"获第三届浙江省大学生经济管理案例大赛一等奖，参与编写的学生有2015级工商管理的王雨婷、许城蔚、程超、赵慧倩和2015级金融专业的周琳、2016级工商管理专业的应情滢，指导老师为应瑛。第二篇"转型升级，'剩者为王'：绿色能源中小企业制造服务化"获第三届浙江省大学生经济管理案例大赛三等奖，参与编写的学生有2015级工商管理专业的郭伊华、陈茹萍、龚秋萍、蒋彩虹，指导老师为沈渊。第三篇"党建构造民营企业组织文化体系研究：以红狮控股集团为例"获第四届浙江省大学生经济管理案例大赛一等奖，参与编写的学生有2016级工商管理专业的魏子欣、张丁天和2016级资产评估专业的倪红朝、2016级会计专业的吴伊荻、

2016 级金融专业的陈峥森，指导老师为谢敏、林与川。第四篇"小底盘，大制造：解读天昱'SCS'耦合转型模式"获第四届浙江省大学生经济管理案例大赛一等奖，参与编写的学生有 2016 级工商管理专业的徐从圣、陆筱佳、吴婵俊，2016 级财政专业的陆水芳及 2016 级 ACCA 的林铭，指导老师为沈渊、董进才。第五篇"传统制造业新出路：企业文化与价值链双轮驱动"获第四届浙江省大学生经济管理案例大赛一等奖，参与编写的学生有 2016 级工商管理专业的王丽琴、杜晴、华雨佳、钟天文和 2016 级会计精益专业的刘宸希，指导老师为沈渊。第六篇"合法性视角下的商业模式和二次创新的共同演变：源牌科技 1994~2018 年纵向案例研究"获第四届浙江省大学生经济管理案例竞赛三等奖，参与编写的学生有 2015 级工商管理专业的黄学学、2016 年工商管理专业的郑中和、许妍、张梓帆、王胤铮，指导老师为赵昶、包兴。第七篇"基于全球价值链理论的代工厂转型之路：台州劲霸 OEM-ODM-OBM 自主品牌建设路径"获第五届浙江省大学生经济管理案例大赛一等奖，参与编写的学生有 2017 级工商管理专业的朱晨康、2017 级金融专业的白心怡、2017 级会计专业的邱瑚玥、2017 级法律专业的姜雨薇，指导老师为董进才、谢敏。第八篇"'家业'何以常青：代际传承组合创业耦合模式"获第五届浙江省大学生经济管理案例大赛一等奖，参与编写的学生有 2017 级工商管理专业的蔡仕钰、周晨曦、张晓蝶，2017 级会计专业的郑一多、2017 级财政专业的廖玉颖，指导老师为沈渊、黄卫华。第九篇"点滴累积，成就卓越：6S 管理模式赋能金舟科技的创新之路"获第五届浙江省大学生经济管理案例大赛二等奖，参与编写的学生有 2017 级人力资源专业的张伊萌、赵晓薇、张艺璇，2017 级财务专业的徐尔倩，指导老师为旷开源、吴道友。第十篇"雏凤清于老凤声：基于双重社会资本的二代创业路径研究"获第五届浙江省大学生经济管理案例大赛二等奖，参与编写的学生有 2017 级物流专业的戴亚琪和 2017 级工商管理专业的王宇婷、叶凡、糜倩雯，指导老师为应瑛。第十一篇"培训为巢云作枝：云计算环境下的企业培训服务新模式研究"获第五届浙江省大学生经济管理案例大赛三等奖，参与编写的学生有 2017 级人力资源 2 班的任艳秋，2017 级工商管理专业 1 班的吴寅杰，2017 级人力资源 2 班的袁欣如、希加艾提·希尔扎提，指导老师为陈帅、刘国珍。在此一并向他们表示感谢。

本书可以作为相关专业（工商管理、市场营销、电子商务、国际商务等）研究生、本科生、高职生学习"管理学""战略管理""技术创新管理""运营和供应链管理""创新创业管理"等相关课程的案例教学参考书、实训实践指导书或课外阅读书目,还可以为从事绿色管理相关工作的职场人士(如销售人员、采购人员、外贸人员、管理人员、创业人员等)提供实践操作指导。尽管作者已经做出最大的努力,但由于水平有限,加上编写时间比较仓促,书中难免存在不当或者错漏之处,敬请各位专家、学者、老师和同学批评指正(邮箱:shenyuan@zufe.edu.cn)。

浙江财经大学工商管理学院

沈　渊　教授

2020 年 6 月于杭州

# DIRECTORY
## 目 录

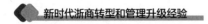

# 第一篇

## "巧妇能为无米之炊"：基于拼凑理论的新创企业成长之路

 **公司简介**

浙江博联智能科技有限公司（简称博联公司）正式成立于2015年（前身成立于2008年），立足于中国首个县级市国家级综合改革试点——浙江省义乌市科技创业园区，集研发、设计、销售与服务为一体的高科技自动化系统集成开发企业，是一家典型的新创企业。博联成立初期，面临核心技术缺乏、资金不足、人才短缺、无专业销售人员等一系列困难，然而，博联通过资源拼凑，克服了系列困难，成功转型，实现了成长，该案例较好地符合纵向单案例研究分析所需的时间跨度和阶段划分的便利性。

### 案例梗概

本案例以浙江博联智能科技有限公司为研究对象，分析囿于环境限制和自身资源匮乏的新创企业如何实现生存及发展。本案例基于拼凑理论，结合组织学习理论，在分析博联所处的智能自动化行业宏中观环境基础上，从博联的物质拼凑、人力拼凑、技术拼凑、网络拼凑、客户拼凑等的实际应用情况出发，探寻博联成功运用拼凑理论突破外部环境压力和内部资源束缚的双重约束经验，并据此描绘拼凑助力新创企业成长的完整图景，为中国企业创新提供新形式，也为新创企业的发展提供借鉴意义。

**关键词：** 拼凑理论；新创企业；企业成长；智能自动化行业

 **案例全文**

## 一、案例研究问题

在大众创业、万众创新的时代背景下，各类新创企业不断涌现。2016 年中国平均日新登记企业则突破 1.5 万家/天，然而由于缺乏各类资源，新创企业往往面临各种生存难题。据统计，我国的新创企业的平均寿命只有 2.5 年，存活 5 年以上的企业不到 7%，大多数在发展初期便夭折了。同时，在我国转型经济背景下，由于制度、法律等各类体系的不甚完善，新创企业在成长过程中易受外界环境阻挠，更加难以生存。但仍有诸多新创企业抓住了发展机遇，突破了资源瓶颈，不断发展壮大。因此，本案例关注"面临转型经济下独特环境限制与自身资源匮乏的双重压力，新创企业如何生存成长？"这一关键问题。

近年来，为了解释新创企业如何利用手边资源适应市场变化、解决资源匮乏难题，拼凑（Bricolage）理论应运而生。拼凑理论作为管理前沿理论，特指组织或个人运用手边资源来把握新机遇或者解决新问题的即刻行为，常被用于研究新创企业的创新活动和成长。

本案例选择了一家几经波折、颇具代表性的新创企业——浙江博联智能科技有限公司作为研究对象，原因在于其通过积极运用拼凑理论，采用新视角挖掘已有资源的价值，开拓新领域，不仅于高死亡率、低寿命的中小企业生存环境中存活下来，还实现了自我突破与发展，现在公司已拥有 7 项国家发明专利，实用新型专利 14 项，已成为浙江重要的智能制造方案提供商，是新创企业运用拼凑理论实现成长的典型代表。需要强调的是，在创业探索期、创业起步期、创业成熟期这三个阶段中，博联所采取的拼凑和组织学习模式十分明确，为构建本书理论提供了鲜活的证据。

根据以上理论与现实背景，如图 1-1 所示，本案例聚焦在面临环境与自身资源匮乏的双重压力下，对新创企业如何生存成长，主要提出了以下问题：

（1）转型经济背景下的独特环境如何影响新创企业的决策行为？
（2）新创企业如何通过拼凑活动实现学习与成长？
（3）新创企业应该如何构建自身的成长路径？

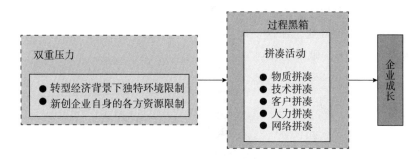

**图 1-1　研究思路**

资料来源：本文研究整理。

## 二、博联公司发展历程

博联的创始人黄永生毕业于浙江大学通信工程专业，毕业后在一家外企工作，正式走上了创业之路。如图 1-2 所示，博联的发展历程大致可以划分为三个阶段。第一阶段是创业探索期。2008 年底，Small Lab 工作室创建，工作室成立后，还没有形成团队，更缺乏相关的技术、资金。黄永生靠个人的力量与许多供应商合作，典型的代表是 2011 年底与兰溪海德机床制造有限公司正式进行合作，在这期间，虽然遭遇了许多挫折，但积累了大量的技术研究成果以及相关行业的人脉。在这一时期，公司在探索中前行。

第二阶段是创业起步期。随着业务的逐渐扩大，黄永生和兰溪机床厂的合作终止，又由于公司财务管理的客观需求，黄永生于 2012 年成立慧海自动化有限公司，也是浙江博联智能科技有限公司的前身。在慧海自动化有限公司时期，公司的团队开始形成，并逐渐壮大，并通过多种渠道接到了许多订单，最典型的项目是为义乌××公司提供工业洗衣厂无人看守洗涤剂配比流水线。在这一时期，公司抓住了有利时机，攻坚克难，乘势而上，稳步前进。

第三阶段是创业成熟期。2015 年，黄永生之前合作的一个客户为公司注入了一笔 200 万元的资金，正式成立了浙江博联智能科技有限公司，并注销了原先的慧海自动化有限公司。也正是在这一阶段，CPS 烫金机项目正式启动。烫金机是印刷行业的关键产品，而在义乌，印刷行业具有广阔的发展前景。但在项目启动初期，技术上的瓶颈仍然是最大困难，因此，公司投入了大量的精力，运用手边的各种资源，突破了一系列的关键技术难点。2016 年，公司依靠 CPS 烫金机项目，得到了政府的一笔 80 万元的补助，这在一定程度上提高了公司的知名度。在这一时期，公司逐渐步入正轨，进入了创业的成熟时期，继往开来，砥砺前行。

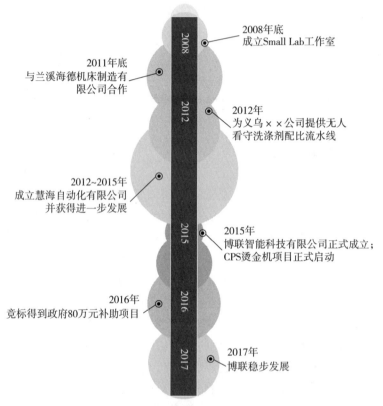

**图 1-2 浙江博联科技有限公司发展历程**

资料来源：博联公司提供。

1. 2008~2011 年，Small Lab 工作室创建：探索前行

2008 年，浙江博联科技有限公司创始人黄永生在义乌创建自己的工作室 Small Lab。义乌作为一个三线城市，缺乏高科技技术人才，缺少吸引风投的项目。在此期间，黄永生凭借扎实的机电一体化的专业技术，带着几个低级技工承接了上百个项目，积累了大量项目经验。但是失败也是并存的，2009 年的水晶机项目让黄永生陷入困境。

2009 年初，黄永生敏锐地发现了市场对水晶机潜在的巨大需求，便与兰溪海德机床厂合作。但是，预期三个月完成水晶机项目，由于缺乏资金，直至 2009 年底才做出成品。2009 年 5 月，水晶机市场供应出现爆发式增长，低端机型市场完全饱和，由于无法及时将产品投入市场，该项目宣告失败并亏损 30 多万元。水晶机项目虽然失败了，但是黄永生依旧将水晶机拿到义博会上参展，并偶然与太阳能棱镜设备商相遇。

通过与太阳能棱镜设备商的交谈，黄永生了解到该设备商的需求。他们需要在棱镜表面镀一层 UV 薄膜，使其透光效果更好。而水晶机制造流程在于把已选择好的图像处理好后，进行打印晾干倒入 UV 无影胶，把打印出来的图片贴在水晶表面，赶出气泡，进行固化。黄永生认为光学棱镜成型机与水晶机在制作工艺上是类似的，都需要用到紫外压印技术。不同的是，水晶机对精度的要求不高，而光学棱镜对镀膜的精度要求很高，光学棱镜镀膜是纳米级的，并且各处的薄厚必须保持一致。于是，黄永生在兰溪机床厂老技工以及张海运博士的帮助下将失败的项目水晶机成功改造成为高精尖设备光学棱镜成型设备。最终，该项目扭亏为盈，不仅挽回了水晶机项目的 30 多万元的亏损，同时还赚到了工作室成立以来的第一桶金（见图 1-3）。

**图 1-3 水晶机项目历程**

资料来源：博联公司提供。

## [案例点评]

在这个故事中，黄永生将失败的水晶机用于生产光学棱镜成型机项目，可以被视作是一种典型的资源拼凑。面对新的机遇，这一种资源拼凑方式让黄永生在缺乏资金、项目失败的情况下，利用原先被废弃的水晶机，将其改良为受到市场欢迎的光学棱镜成型机，将资源进行有效整合，以极低的成本制造出了客户所需要的机型。将被认为是无价值的东西看成是一种资源，并进行有效整合是促使该项目成功的关键。

由此，我们认为这是一种物质拼凑，这种资源重构（Resource-recombina-tion）活动，将无价值的资源转变为富有价值的资源，创造了新的资源投入，在公司发展的初级阶段，能够更好地帮助企业存活。

2. 2012~2015 年，慧海自动化有限公司成立：乘势而上

在 Small Lab 时期，黄永生已经积累了一定的经验、技术、人脉，为使公司进一步发展，黄永生成立了慧海自动化有限责任公司。在这一时期，黄永生通过淘宝、公司网站以及熟人推荐，接到了很多客户的订单。根据客户的实际需求，以非标准化定制的方式制造出各种满足客户需求的产品。其中最具有代表性的项目就是为义乌××公司提供工业洗衣厂无人看守洗涤剂配比流水线。

黄永生在一次偶然的机会中看到义乌一家洗衣厂是采用人工配比洗涤剂的，效率低下，而且人工配比容易产生错误，导致残次品率较高。

黄永生看中了洗涤剂配比流水线未来的市场，就寻思研制自动化流水线来控制工业洗衣机，以达到精准、高效控制洗衣机自动配比洗涤剂的效果。经过几番周转，黄永生和该洗衣厂的老板取得联系并形成合作，洗衣厂愿意尝试使用自动化设备代替原先的人工操作。

要研制洗衣机配比流水线，最大的技术难题在于一个工厂有十几台工业洗衣机，怎么实现每台机子在不同阶段加入不同种计量精准的洗涤剂，以及如何实现系统的稳定运行。通过现场实地勘察，黄永生认为采用集散控制系统可以较完美地解决多台洗衣机、多路原料同时运行的问题。集散控制系统是以微处理器为基础，采用控制功能分散、显示操作集中、兼顾分而自治和综合协调的设计原则成功编制了新一代仪表控制系统，其广泛用于电力、冶金、石化等行业（见图1-4）。

而解决设备的稳定性问题同样非常重要。为了解决该问题，黄永生所制造的第一批产品在实验室经过了反复的、大量的实验。但是没有经过实践的检验，没有人敢保证在实际使用过程中是否会出现问题。因此，黄永生愿意以较低的价格，将试制产品提前供厂商试用。同时，厂商在试用过程中，也可以对该机器提出意见，以便对该机型进行后续改良，提高产品的成熟度。

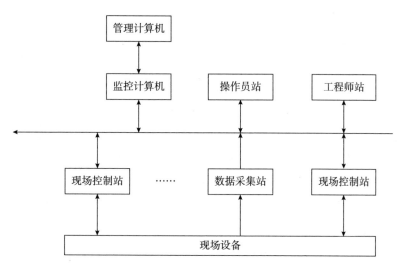

**图1-4 集散控制系统原理**

资料来源：博联公司提供。

## [案例点评]

竞争优势归根结底来源于企业为客户所能创造的价值。所有的企业高层都知道拥有客户就是拥有一切，失去客户就是失去一切。对于新创企业来说，能否尽可能挖掘客户资源决定企业能否在激烈的市场竞争中生存下去。

在开发新客户方面，博联公司借助拼凑方式，多方向开发客户资源，其途径可分为以下几个方面：其一，在企业发展早期，公司在淘宝网、阿里巴巴网上开设了网店用于初期的客户招揽。在这个阶段，博联完全根据客户的要求来开发软件、系统等。其二，熟人介绍。公司负责人的原有人际关系网是新创企业极为重要的客户发展基础。其三，合作项目方。技术项目中，有时会由好几家公司共同合作完成，这些集体合作项目也就成为新创企业十分有效地拓展人际关系网络的契机。其四，公司在进行各种业务的同时，也是在为公司塑造口碑。只要公司具有过硬的技术基础、优秀的售后服务，公司完成的各种业务可为其宣传提供鲜活样板。

我们认为这种资源拼凑方式是网络拼凑，而这种资源搜索（Resource-seeking）的能力有助于企业在发展过程中更好地适应环境。

为市场创造新的产品与客户。黄永生首先是看到了未来洗涤剂自动化流水线的发展潜力，认为其在将来定会普及。通过与厂商的多次商谈，使厂家愿意放弃落后的人工配比方式，投入资金建设自动化洗涤剂流水线。一旦这一厂家利用洗涤剂自动化流水线提高了效率，便能引起关注，使当下大量使用人工配比的工业洗衣坊采用洗涤剂自动化流水线，为市场创造了新的客户。

我们认为这种资源拼凑的方式是客户拼凑。公司开发了新客户和新市场，这种资源搜索的能力，调节了客户的需求并建立了卖方与买方间的相互责任，给顾客提供了便宜的、非标准的产品和服务，能够帮助公司在未来发展的道路上，更好地识别有发展潜力的客户和市场，助推企业的成长。

3. 2015 年至今博联公司正式成立：继往开来

2015 年，随着一笔 200 万元资金的注入，原慧海自动化有限公司被注销。同年 9 月，浙江博联智能科技有限公司在义乌注册成立。在这一时期，CPS一体化烫金模切系统项目正式启动（见图 1-5）。

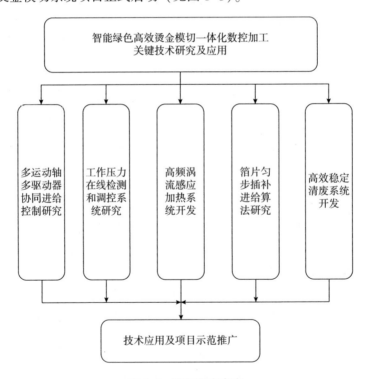

**图 1-5 项目研究内容**

资料来源：博联公司提供。

义乌市在 2006 年就被国家授予"中国商品包装印刷产业基地"。当时，义乌印刷企业已发展到 838 家，其中包装印刷 456 家，从业人员 5 万余人，印后设备资产 10 亿元左右，年度生产总值达到 50 亿元以上。黄永生正是看到了义乌市印刷行业的巨大市场和蓬勃发展，因此选择了印刷行业中包装印刷印后装饰加工设备的主导关键产品——烫金模切机械，作为这一阶段的主打推进项目。

然而，在项目初期，大量技术上的难点需要突破。

首先，CPS 烫金机项目的许多关键技术需要高级算法的支撑，例如，在 CPS 烫金机项目中的工作压力在线检测和调控系统研发、高频涡流磁感应加热系统开发、远程数据云的算法研究等都会涉及大量的高级算法。

而在理论这一方面，成立之初的博联公司并不具备相关的高端理论人才，仅仅依靠自身研发团队的努力让黄永生觉得心有余而力不足。这时他决定求助于公司研发团队的张海运博士。张海运博士是 CPS 烫金机项目的第二发起人，同时也是博联公司研发团队的核心成员之一。他作为浙江大学机械设计及理论专业的博士，长期从事机电系统开发、运动控制和机器人技术等方向的研究工作，拥有扎实的专业理论和知识基础、较强的科研开发能力和丰富的项目研发、实施经验。为了能够更有效地解决这些高级算法问题，张海运博士利用自身的资源，使得博联公司同浙江大学机电系形成了良好的合作关系，并将该项目中的这些高级算法等理论上的难点交由浙江大学的学生完成。

其次，为了让研发的烫金机在市场上更具竞争力，博联公司致力于将设备进行升级，希望改变传统模切机的高耗电、低效率的工作模式。经过团队不断地研发试验，博联公司创新性地将注塑机行业的电磁加热技术以及电子排版技术嫁接至印刷行业。

浙江博联智能科技有限公司曾设计多种式样的注塑机，注塑机的工作原理与打针用的注射器相似，它是借助螺杆（或柱塞）的推力，将已塑化好的熔融状态（即粘流态）的塑料注入闭合好的模腔内，经固化定型后取得制品的工艺过程。注射成型是一个循环的过程，每一周期主要包括：定量加料—熔融塑化—施压注射—充模冷却—启模取件；取出塑件后再闭模，进行下一个循环。

其中熔融塑化的过程需要加热，传统的注塑机一般采用电热圈发热，通过传导的方式把热量传到料筒上。其弊端非常显著：外部发热产生的热量散失导致能量消耗严重，同时用空调降低环境温度导致能源的二次浪费；电阻发热温度在300℃左右，而一般的塑化温度在100℃~200℃，要实现精准控温比较困难；长时间的高温容易使电阻丝老化而烧断，加大维修成本。为解决这些问题，博联公司创新利用电磁加热技术使金属料筒自身发热，并在金属料筒外部涂上一层绝热材料，大大减少了热量损失，提高了热效率，在电磁加热技术中，线圈本身不会发热，减少了电阻本身因发热而产生的损耗。高频感应电磁加热板结构如图1-6所示。

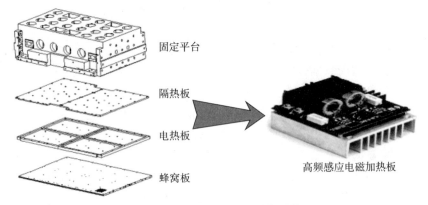

固定平台

隔热板

电热板

蜂窝板

高频感应电磁加热板

**图1-6　高频感应电磁加热板结构**

资料来源：博联公司提供。

烫金机是用来制作包装类印刷品的机器，使产品的包装更加精美。烫金工艺主要是利用热压转移的原理。在合压作用下电化铝与烫印版、承印物接触，由于电热板的升温使烫印版具有一定的热量，电化铝受热使热熔性的染色树脂层和胶粘剂熔化，染色树脂层粘力减小，而特种热敏胶粘剂熔化后粘性增加，铝层与电化铝基膜剥离的同时转印到了承印物上，随着压力的卸除，胶粘剂迅速冷却固化，铝层牢固地附着在承印物上完成一烫印过程。

在烫金模切机中，模板需要加热，而传统方式能源利用率不高。一台传统的烫金机一般需要在三相电的电压下工作，其功率在4千瓦以上，而模切速度一般在23次/小时。

于是，在烫金机的改良过程中，他们嫁接了注塑机中的电磁加热技术，以及电子排版等方式提高了机器的工作效率。烫金机结构如图1-7所示。

电磁加热，或称电频加热，在印刷行业里原来并不存在，博联公司在注塑行业中发现电磁加热技术节能的效果能达到30%~70%。在烫金机上一共有12个温区，每个温区的功率都高达2~3千瓦。12个温区同时工作一个小时消

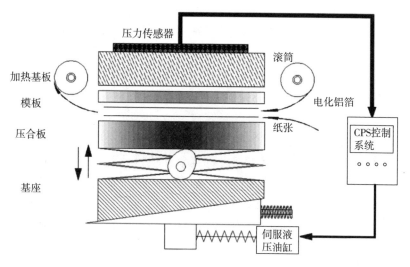

**图1-7 烫金机结构**

资料来源：博联公司提供。

耗的电能可想而知，并且加热元件是加热整个大型的机床。这样的坏处在于，第一，机床本身受热易使电路老化，产生损耗；第二，耗电量往往比较大。老式的烫金机都是加热一块长宽均为1.2米的铁块，后来博联采用电磁加热技术，升级为只需加热模板。相对于整块铁板来说，一块模板的面积要小得多。如此，在操作时可以针对性地加热特定模板，节省下来的电量甚至可能超过70%。博联公司从其他行业为印刷行业引进了一个全新的节能技术，而这也恰恰与我国提倡的节能环保不谋而合，有利于企业富有社会责任心形象的树立。

印刷业的另一大技术难题是在排版方面，以往印刷行业的排版全由人工完成，效率低且正确性无法保证。博联公司创新引进注塑机中的视觉排版技术，使得设备运行平稳，减少浪费，提高效率。

随着技术的研发取得了突破性的进展，实验阶段也被提上日程。然而，由于公司刚处于起步阶段，资金实力并不雄厚。同时，我国南方主要发展软件和电控等轻工业，义乌周边并不具备制造整机的硬件设施。而由于历史因素，我国北方一直是中国重工业最核心的基地。因此，现阶段博联专注于系统软件的开发，并将研发的系统软件交由下游位于河北机械制造产业集群的设备制造商进行使用。博联抓住这一现实情况，将其研发的系统软件交由现成的设备制造商进行试用,获得实践上的支持。当企业未来发展壮大后,博联计划将下游企业并入公司,直接利用河北的设备制造商贴牌生产本公司的设备产品,节省自身开发设备的成本和精力。

首先,博联公司作为一家新创企业,在产品销售阶段一直缺少专业的销售人员,同时由于资金实力并不雄厚,公司经营规划中并不具备大量的广告宣传预算。因此,博联公司在开发新客户、吸引投资资金方面一直没有取得突破性的进展。就在博联公司为推广公司绞尽脑汁的时候,他们想到了政府这一天然平台。义乌市政府每年都进行竞争性项目分配,号召本地企业研究并解决一些社会效益较大的技术难题,如果企业成功突破该技术难题,政府则予以资金补助。在2016年的义乌市科技重点研发计划项目中,博联公司利用初步成熟的新型节能烫金机向政府申报《智能绿色高效烫金模切一体化加工关键技术研究及应用》这一项目,经过层层筛选和激烈竞争,博联公司最终申报成功,成为该年十家入选企业之一。

[案例点评]

在CPS烫金机项目中,为了突破技术上的难点,博联公司首先通过与高校师生合作,为自己带来理论上的突破,又通过与下游的制造商合作获得了实践上的支撑,这些合作即可视为人力拼凑(见图1-8)。人力拼凑是指对项目中的客户、制造商等利益相关者进行拼凑,从而为公司创造新的劳动投入。博联公司利用手头可获取的并与自身利益切实相关的人力资源,通过资源搜索为自己带来了新的劳动投入,有效解决了早期技术人员不足的问题,完成了早期技术上的突破,在行业中得以立足。

其次,在博联公司前身Small Lab以及慧海自动化公司时期完成了几百个大大小小的项目,项目涉及行业十分广泛。故公司研发团队积累了大量技术经验。正如博联公司在CPS烫金机项目中遇到节能技术瓶颈之时,公司研发团队创新性地将注塑机行业的电磁加热技术以及电磁排版技术进行重组拼凑,然后应用于烫金机。我们把这种利用公司已有技术知识库,将旧技术进行重构拼凑后获得新技术的做法,定义为技术拼凑。

最后,博联公司在资金实力并不雄厚的情况下,无法购买整机设备进行系统软件的实验。故其选择在全国范围内挑选合适的合作伙伴,利用北方已经存在的优势资源进行软件系统的试验。当未来企业发展成熟、资本积累足

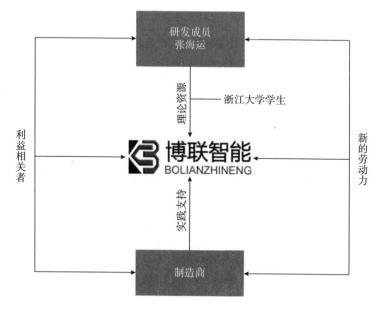

**图 1-8 人力拼凑示意图**

资料来源：本文研究整理

够之后，便发展下游产业，直接利用河北的设备制造商成熟的技术贴牌生产本公司的设备产品，节省自身开发设备的精力。公司在宣传方面，由于没有足够推广预算，直接利用政府这一现成的平台。新创企业规模小，可动用的资源极为有限，若是完全从零开始，新创企业将在这些方面付出巨大的精力，而这不利于新创企业的前期发展。博联公司通过搜索市场上已经存在的各方资源，合理进行运用，提高自身知名度，吸引合作伙伴，挖掘客户资源，同时丰富公司知识库，推动了公司的发展进程。我们将博联合理运用先前存在的或建立的网络关系这一方法，定义为网络拼凑（见图 1-9）。

## 三、案例讨论

资源匮乏是新创企业生存与成长过程中的首要制约因素，新创企业由于"新生弱性"与"小而弱性"导致资源问题，极大钳制了企业发展。本案例选取的浙江博联智能科技有限公司，作为转型经济下中国新创民营企业成长发展的代表，在创业探索期、创业起步期和创业成熟期根据内外部环境变化

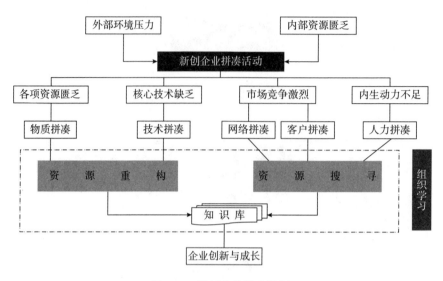

**图1-9 新创企业拼凑机制**

资料来源：本文研究整理。

采取不同的拼凑模式，成功运用拼凑理论解决了资源匮乏难题，获得了市场发展空间。

2008年，博联创始人黄永生创建了Small Lab工作室，创业探索期由于各项资源均十分短缺，需要通过拼凑手段为下一阶段的发展奠定物质基础，如何利用物质拼凑积累物质资源和社会资本十分关键。黄永生将失败的水晶机项目重新利用，通过稍加改造变成了光学棱镜制造设备，运用物质拼凑手段实现扭亏为盈，通过资源重构，为企业后续运营获取了大量资金。同时，处于创业探索期的Small Lab所承接的众多小型项目为博联积累了大量技术资本并拓宽了社会网络关系，为企业后来的发展奠定了坚实基础，克服了初始资源短缺这一难题。

2012年，博联的前身——慧海自动化制造有限公司成立，创业进入成长期。在无人看守洗涤剂配比流水线项目中，博联借助互联网、社会关系、供应商等多方向开发客户资源，整合社会网络关系，利用资源搜寻进行网络拼凑；此外，博联通过积极主动同厂家沟通，并通过采纳客户意见改善产品，助力产品进一步占领市场，即利用资源搜寻进行客户拼凑。网络拼凑和客户拼凑双管齐下，产品销路不断得到拓宽。

2015年，浙江博联智能科技有限公司正式成立，标志着博联进入创业成熟期，此时则需要根据内外部环境变化，再次改变拼凑模式。"人"是任何企业生存发展的内在根基，只有拥有良好的团队，才能够为企业后续的融资、开发等提供支持，因此获得高素质的人才是成熟期的重点。在 CPS 智能一体化烫金机研发过程中，博联通过运用人力拼凑，与高校教授合作，挖掘各类技术人才，从浙江大学、中国矿业大学等高校中获得了大量技术人才，并利用供应商现有的平台进行技术实践。博联利用资源搜寻手段寻找可利用的人力资源，为公司引进新的劳动投入。同时，博联巧妙运用技术拼凑，将本是运用于其他行业的技术手段嫁接到印刷行业之中，在 CPS 智能一体化烫金机制造项目中，博联创新性地将高频涡流磁感应加热系统、箔片匀步插补进给算法、高效稳定清废系统同时运用到烫金机中，通过跨行业的资源重构实现了工艺制造水平的快速提升，并得到了客户的广泛认可。

博联在三个不同的发展阶段运用了不同的拼凑模式，通过物质拼凑、网络拼凑、客户拼凑、技术拼凑、人力拼凑等整合多种资源，进行资源重构和资源搜寻，扩充知识库，为企业争取发展空间，有效地突破了新创企业所面临的内部资源匮乏和外部环境压力双重困境。

## 四、案例总结

资源拼凑能够帮助新创企业在发展过程中通过资源搜寻和资源重构整合资源，解决资源短缺问题，并缓解企业外部环境压力。参与到拼凑活动中的企业会更多地进行资源搜寻和资源重构，使组织摆脱对特定资源或资源拥有者的依赖，通过资源整合提高原有组织能力，甚至开拓出新的组织能力，以较低资源成本获得相对满意的甚至是意料之外的成果。博联在客户拼凑、人力拼凑、网络拼凑过程中，均是主动搜寻手边可利用的人际网络资源、客户关系资源、人才资源等，通过资源搜寻的方式获得原本缺少的资源，解决相应的资源缺乏的难题；在技术拼凑中，博联利用多年积累的项目经验，发现了电磁加热、视觉排版等技术在印刷业中运用的可能性，通过技术嫁接的手段，创造出全新的产品；同样在物质拼凑中，博联将手中所废弃的水晶机加以改造升级，变成了全新的光学棱镜制造设备，使企业扭亏为盈。

运用组织学习理论，可以打开新创企业运用拼凑手段助力成长的过程黑箱。在拼凑过程中，新创企业通过对手边资源进行资源搜寻和资源重构，发现并利用资源的潜在价值，将其转换为企业自身所需要的资源，以提升企业绩效，该过程事实上即为组织学习的过程。新创企业将拼凑得到的资源转移至企业内部的知识库，在拼凑过程中，企业知识库会不断扩充，并储备后续创新所需投入的要素。

在当前复杂多变的社会环境中，组织学习和学习型组织的重要性已得到了人们的普遍认可，已有实证研究表明，企业的组织学习能力能够对企业绩效产生积极影响。企业的学习能力通过知识获取、传播和共享而不断提高，这种基于企业成员的共同知识体系是一个企业的重要无形资产。该无形资产使企业成员的认知和行为发生了变化，有利于企业快速成长，因此企业只有不断培育和提高学习能力，才会有利于企业内外知识、信息的交换和共享，才能够提高企业绩效。

新创企业运用资源拼凑，通过资源搜寻和资源重构将手边资源转化成企业自身的知识库，在组织学习的过程中促进企业创新和成长。博联通过运用物质拼凑、网络拼凑、客户拼凑、人力拼凑和技术拼凑，充分利用手边可利用的资源，并在组织学习的过程中扩充知识库，实现企业成长。

## 资料来源

［1］Levi-Strauss C. The Savage Mind ［M］. Chicago：University of Chicago Press，1966.

［2］苏芳，毛基业，谢卫红. 资源贫乏企业应对环境剧变的拼凑过程研究 ［J］. 管理世界，2016（8）.

［3］José Maria Ferreira Jardim da Silveira. Idéias Fundadoras：Kenneth J. Arrow - Economic Welfare and the Allocation of Resources for Invention ［J］. Revista Brasileira de Inovação，2008，7（2）.

［4］Arrow，K. J. Economic Welfare and the Allocation of Rresources for Invention ［M］. NJ：Princeton University Press，1962.

［5］Chen，Y. and T. Puttitanun. Intellectual Property Rights and Innova-tion in Developing Countries ［J］. Journal of Development Economics，2005，78（2）：474-493.

［6］Danneels，E. and E. J. Kleinschmidt. Product Innovativeness from the Firm's Perspective：Its Dimensions and Their Relation with Project Selection and Performance ［J］. The Journal of Product Innovation Management，2001，18

（6）：353-57.

[7] 祝振铎，李新春. 新创企业成长战略：资源拼凑的研究综述与展望 [J]. 外国经济与管理，2016，38（11）：71-82.

[8] 于晓宇，李雅洁，陶向明. 创业拼凑研究综述与未来展望 [J]. 管理学报，2017，14（2）：306-316.

[9] 梁强，罗英光，谢舜龙. 基于资源拼凑理论的创业资源价值实现研究与未来展望 [J]. 外国经济与管理，2013，35（5）：14-22.

 **经验借鉴**

1. 可负担的价值创新是中国企业创新的重要形式

由于新创企业具有"新生弱性"和"小而弱性"，面临着内部资源匮乏和外部环境压力的双重压迫，而企业创新又需要一定的物质和人力等资源作为基础，一般情况下新创企业的创新有较大的阻力。因此，新创企业必须寻求一条适合自身发展的创新之路，既能降低生产成本，又能提升产品价值，让消费者易于接受，这种创新形式即为可负担的价值创新（Affordable Value Innovation）。

可负担的价值创新是中国情景下企业创新的重要形式。一方面，这种形式的创新成本较低，同时能保证产品的价值在创新过程中实现增值，中小企业尤其是新创企业能够承受其资源耗费；另一方面，成本降低也致使价格可以得到良好的控制，易被中国广大的普通消费者所接受。新创企业通过参与可负担的价值创新，生产出物美价廉的产品，可以较为顺利地占据市场，并为下一步创新成长奠定基础。

2. 拼凑助力新创企业识别机会

新创企业参与拼凑活动，不仅可以解决资源匮乏难题，还可以更好地识别创业机会。例如，在技术拼凑过程中，新创企业通过跨行业技术整合，将其他行业的技术运用到本行业之中，即可创造出具有全新功能的产品，开拓全新市场。在拼凑过程中，新创企业通过资源搜寻和资源重构将手边资源转换为自身所需要的资源，并发掘资源全新的价值，通过组织学习扩充知识库，新创企业的资源匮乏难题得到缓解，从而具备了创新的基础条件，促进企业创新。拼凑不仅是一种资源整合方法，更是新创企业识别机会的重要工具，拼凑赋予是原本不相关的、看似无用的资源以全新的价值，通过资源搜寻和资源重构开发出新产品、新功能，在此过程中更易于发现全新的创业机会。

3. 学习意识对于新创企业极为重要

新创企业的成长过程是一个不断学习、扩充知识库的过程。资源重构和资源搜寻是组织学习的两大重要方式。在新创企业发展过程中，由于其存在时间短、资源较为匮乏、自身实力相对较弱，需要通过学习提升自身技术水平、管理水平和竞争水平等。我国企业已逐渐意识到，要想适应瞬息万变的市场需求、要想使组织能在竞争中处于有利地位，就要不断提高组织的学习能力，不断积累学习组织内外部知识，充分提升自身的创新能力，实现探索性创新和利用性创新，最终促使企业绩效不断提高。企业通过组织学习能够不断创造新知识，进而对企业绩效的提升奠定基础。

 **本篇启发思考题**

1. 拼凑理论是存在缺陷的，对于新创企业来说，如何在利用拼凑理论的同时克服/弥补理论缺陷，实现更大成功的可能？

2. 探讨新创企业如何在特殊时期（如新冠肺炎疫情暴发期间）采用拼凑理论，或维持生存，或成功"上位"。

# 第二篇
# 转型升级 "剩者为王"：绿色能源中小企业制造服务化

 **公司简介**

2006年杭州佳偶太阳能电器有限公司（以下简称佳偶公司）宣布成立，注册资金1150万元，专注于节能热水系统研究达十年之久。公司在2012年11月通过了ISO14001：2004环境管理体系及ISO9001：2008质量管理体系认证，在2015年12月正式通过了GB/T28001—2011职业健康安全管理体系的认证，在2016年8月被认定为杭州市高新技术企业。从最初的研发、生产销售到安装售后，公司业务包含了整个服务流程。迄今为止，公司凭借精湛的技术，客户至上的服务宗旨，迅速与酒店、学校、政府等多个机构达成了长久合作，提供多种节能热水方面的解决方案，满足客户需求。2015年4月至今，公司陆续获得了十项实用新型专利证书。同时，公司参与起草国家行业标准NB/T32024-2014《太阳能热水工程联箱》，主笔起草国家行业标准《太阳能热水工程不锈钢常压蓄热水箱》。佳偶公司始终坚持"专业、务实、创新、共赢"的服务理念，成为一家颇受欢迎、值得信赖的企业。

## 案例梗概

本案例以杭州佳偶太阳能电器有限公司为研究对象，围绕该企业的转型升级之路，从战略转型总目标——求生存、战略转型路径——制造服务化、战略转型方式——渐进式创新，解读佳偶公司的两大转型升级原创法宝——"鱼结构"转型模式和"剩者为王"理念，总结佳偶公司在转型升级过程中的路径依赖的五大思维突破，探讨中国新常态经济下

中小绿色能源企业转型升级的可行方案。

**关键词**：制造服务化；渐进式创新；"鱼结构"转型模式；"剩"者为王

## 案例全文

### 一、佳偶公司转型升级之路

1. 太阳能热水器行业发展历程

（1）起步开拓，市场酝酿新机遇。20 世纪 70 年代初，我国兴起开发利用太阳能热潮，开始太阳能板以平板式和闷晒式为主，生产规模较小，技术水平较低。1979 年有些单位开始研发全玻璃真空管集热器，但是太阳能热水器的产量极低。1987 年，我国从加拿大引进铜铝复合（SUNSTRIP）生产线，制造了第一支全玻璃真空集热管，使我国平板集热器产品质量跨上一个新台阶，我国太阳能热水器产业开始进入以现代化生产手段制造国产优质平板集热器的历史新阶段。

（2）狂热发展，"八仙过海，各显神通"。20 世纪 90 年代，我国建立了全玻璃真空集热管和热管真空管集热器工业，使我国太阳能热水器推广应用上了一个新台阶。随着技术进步和企业规模的扩大，技术和企业都逐步成熟，太阳能热水器逐步形成了真空管、平板和闷晒三种技术系列，实现了产品的系列化和规模化生产。90 年代后期，住宅商品化的发展以及家庭对热水需求的大幅度增长，为太阳能热水器的发展提供了巨大的市场空间，太阳能热水器进入狂热发展阶段。

（3）产能过剩，企业转型不可待。21 世纪初，太阳能热水器行业产能过剩，企业被迫进行转型升级（见图 2-1）。

起步开拓　　狂热发展　　产能过剩　　转型升级

**图 2-1　太阳能热水器产业发展阶段**

资料来源：本文研究整理。

2. 佳偶公司转型升级历程

（1）初创期（2006~2008年）。2005年2月我国出台《中华人民共和国可再生能源法》，支持太阳能热水器生产企业的产业化发展。2006年，我国拥有世界上最大的太阳能热水器市场，生产制造能力强劲，但市场竞争"乱"象环生。如图2-2所示，2006~2008年，我国太阳能热水器的产量增长率一直保持在20%~30%。2008年我国太阳能热水器行业总产值已达到430亿元。

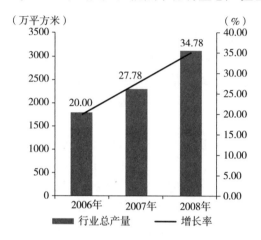

**图2-2　2006~2008年太阳能热水器产业产量**

资料来源：罗振涛，霍志臣．谈中国太阳能热水器产业及其发展规划［J］．太阳能，2009（8）．

2008年12月我国实行家电下乡等政策，大量家电企业如海尔、美的等纷纷进入太阳能热水器行业，中小型太阳能热水器企业也开始狂热发展。

（2）节能热水BT模式阶段（2009~2013年）。2009年太阳能热水器行业迅速发展，2010年市场竞争非常激烈2011年是太阳能热水器企业生死存亡的一年，由于之前的过度促销，市场需求和信任透支，导致太阳能热水器产业开始出现产能相对过剩的情况。2012年，由于国内宏观经济持续下行，以内需为主的太阳能热水器行业内销遇冷，不少企业退出市场。另外，由于高层建筑楼顶安装的集热器面积根本无法满足整栋建筑居民的热水需求，超长的管路影响使用效果等，家用太阳能热水器市场也开始有下滑趋势，使已经产能过剩的太阳能热水器市场进一步遭受冲击。尽管太阳能热水器市场并不乐观，但是工程市场却呈现出欣欣向荣的景象。在市场一片萧条之下，2012年工程市场仍同比增长52%。佳偶创始人张恩军却早就敏感地注意到太阳能热水器是潜在市场，2009年即开始培养太阳能商用技术团队，逐渐开发以太阳能、空气能为主的节能热水系统 BT 模式市场。此后，工程市场的欣欣向荣印证了张恩军的判断，企业客户逐渐包括宾馆、房地产企业、工业企业、事业单位等。

（3）细分市场与品牌化（2013～2016 年）。2014 年起，工程市场对拉动太阳能热水器市场规模的重要性开始显露，2015 年工程市场与单机市场平分秋色，2016 年工程市场规模已超过单机市场，成为太阳能热水器最重要的领域。佳偶公司发现太阳能热水器行业整体进入困境，大量企业进入太阳能工程市场，而普通中小企业缺乏竞争能力，单位产值下降，企业收款困难，于是开始寻找新的发展方向，并最终决定从工程转向服务方面。佳偶公司以"以琳"品牌推进 BOT 模式节能生活热水服务，并重点布局当时较空白的校园市场，最终成为浙江省校园节能热水供应市场高中/职高细分市场行业翘楚。

（4）节能热水整体解决方案。根据相关人士预测，2017 年我国太阳能热水器保有量将同比增长 20.3%，传统零售渠道销量同比下滑 23%，2020 年迎来太阳能热水器更新换代的高峰期，迎来市场规模的拐点。随着中高温太阳能热水器的开发以及太阳能与建筑一体化技术的日趋完善，太阳能热水器的应用领域不再局限于提供热水，正逐步向取暖、制冷、烘干和工业应用方向拓展。在之前的 BOT 模式中，佳偶公司兼具制造性与服务性的，摆脱了中小制造企业的低利润窘境，企业的资金流转更稳定，抵御住了市场的多变性，具有更强的生存续航力和更大的发展潜力。而随着太阳能热水器行业的变化和技术的突破，数据的重要性和多方面应用领域的出现促使佳偶公司需要有进一步的改变，于是佳偶公司将发展重心放在节能热水整体解决方案业务的拓展上，并期望成为涵盖各领域最具专业规模的节能热水服务及数据集成商。其转型升级阶段如图 2-3 所示。

## 二、转型战略定位与转型模式

1. "剩者为王"转型战略定位

在中国经济新常态的宏观背景下，中小企业正在经受前所未有的巨大考验，许多低端、低价、低利润的企业由于对营销不重视，营销手段单一和无创意性，于是走进了产品、广告、促销、品牌、渠道、执行等同质化的死胡同。

**图2-3 佳偶公司转型升级阶段**

资料来源：本文研究整理。

实施转型升级，建立企业核心发展能力，增加企业竞争优势是企业走出困境的有效途径之一。在企业转型升级过程中，制定正确的战略目标十分关键。佳偶公司准确认识到，作为一家中小型企业，资源匮乏，在面临大型企业的竞争压力之下，几乎是在夹缝中求生存。因此，佳偶公司在转型升级过程中，制定了"剩者为王"的战略目标，认为能成为"幸存者"活下来就是最大的成功。

2. "鱼结构"战略转型模式

"鱼结构"分为三块——鱼头、鱼身、鱼尾。鱼头是公司内具有领导性、高成长性、高利润率的业务，鱼身是公司内稳定的主体业务，鱼尾是公司利润逐渐变低的其他业务。"鱼结构"转型模式顺应行业发展背景并立足公司转型升级需要，指导了佳偶公司的两次转型。在转型过程中，"鱼身"的资金积累为"鱼头"的创新提供了资金保证，并支持"鱼头"业务扩大发展，使转型升级更加迅速、成功，并保持公司内部业务的动态平衡，保证资源的合理放置与运用。

佳偶公司在转型过程中利用原创的"鱼结构"转型模式，通过渐进型创新，摆脱了企业发展的路径依赖。在转型升级的不同阶段，佳偶公司调整和转换"鱼头""鱼身""鱼尾"的业务布局，增强了企业的竞争能力，成功完成转型升级之路（见图2-4）。

| 创业初期 | 家用太阳能热水器 | | |
|---|---|---|---|
| 第一次转型 | BT工程类节能热水设备 | 家用太阳能热水器 | |
| 第二次转型 | BOT类校园节能热水设备 | BT工程类节能热水设备 | 家用太阳能热水器 |
| 第三次转型 | 节能热水整体解决方案 | BOT类校园节能热水设备 | BT工程类节能热水设备 |

**图2-4　"鱼结构"转型模式**

资料来源：本文研究整理。

## 三、战略转型渐进式创新

**1. "剩者为王"战略目标的制定**

战略目标是对企业战略经营活动预期取得的主要成果的期望值。战略目标的设定是企业宗旨的展开和具体化。公司创始人张先生在创立佳偶公司之初投入大量资金、时间和人力用于品牌设计包装，期望打造一个中高端太阳能热水器知名品牌。但是现实给了他一个沉重的打击，产品无人问津，销售渠道开拓困难。心理学有一个蘑菇定律，指初入世者常常会被置于阴暗的角落，不受重视或打杂跑腿，接受各种无端的批评、指责、代人受过，得不到必要的指导和提携，处于自生自灭过程中。企业的成长也会经历这样一个过程，佳偶公司当时就处于这样的生存条件下。经过反思总结，张先生意识到佳偶公司作为一家刚创立的小规模企业，缺乏技术优势，没有品牌效应，如何才能在激烈竞争中不被淘汰出局，存活下来呢？"剩者为王"，只有成为剩者，才有可能成为胜者。在"剩者为王"的战略目标下，佳偶公司改变战略，将更多的资源放在销售渠道的拓展、提升销量上。

"剩者为王"战略目标分析。在激烈的竞争中，没有被市场淘汰，成功

"被剩下"就是胜利，所以"剩者为王"战略目标的实质是求生存。但求生存并不意味着抛弃发展，而是在确保生存条件下再谋发展。企业管理者在制定战略时，可以通过外部因素评价矩阵分析企业外部环境。外部因素评价矩阵（EFE 矩阵）是一种对外部环境进行分析的工具，依据重要程度列出 10～20 个外部因素，包括机会和威胁，赋予每个因素以权重（0.0～1.0），并按照企业现行战略对各个关键因素的有效反应程度为各个关键因素打分（0～4分），"4"代表反应很好，"1"代表反应很差。平均总加权分数为 2.5，总加权分数为 4.0，则说明企业对现有机会与威胁做出了最优秀的反应。总加权分数为 1.0，则说明公司战略不能利用外部机会或回避外部威胁。佳偶公司外部因素评价矩阵如表 2-1 所示。

表 2-1 佳偶公司外部因素评价矩阵

| 关键外部因素 | 权重 | 评分 | 加权分数 |
|---|---|---|---|
| 机会 | 0.54 | 17 | 1.48 |
| 我国施行《中华人民共和国可再生能源法》，为太阳能利用产业的发展提供了政策保障 | 0.1 | 3 | 0.3 |
| 太阳能+空气源热泵热水系统技术的出现和发展 | 0.09 | 3 | 0.27 |
| 国际原油价格的上涨，人们对新能源的关注提升 | 0.07 | 3 | 0.21 |
| 浙江省人口规模较大，经济和文化水平较高 | 0.06 | 4 | 0.24 |
| 2012 年工程市场实现了同比增长 52% | 0.12 | 3 | 0.36 |
| 国家对保障住房的节能环保要求提高 | 0.1 | 2 | 0.2 |
| 威胁 | 0.46 | 16 | 1.15 |
| 大量中小企业被市场淘汰 | 0.07 | 2 | 0.14 |
| 经过 2009～2010 年的狂热发展，家用太阳能热水器产业出现产能过剩 | 0.1 | 3 | 0.3 |
| 家电下乡政策渐入尾声 | 0.06 | 3 | 0.18 |
| 2012 年，太阳能热水器产业增速创新低 | 0.11 | 2 | 0.22 |
| 2012 年，海外出口市场呈现下滑态势 | 0.03 | 4 | 0.12 |
| 日出东方、桑乐等大品牌的优势进一步展现 | 0.09 | 1 | 0.09 |
| 总计 | 1 | 33 | 2.63 |

资料来源：本文调研计算所得。

佳偶公司转型升级期间外部因素评价加权分数为 2.63，略高于 2.5 的平均分数，说明佳偶公司在转型升级期间合理利用了机会，并有效规避了外部威胁，其"剩者为王"的战略目标是有效的。但是佳偶公司与行业中主要大品牌相比还有较大差距，尤其是面对大品牌优势，佳偶公司的抵抗能力明显不足。因此，佳偶公司在成功被"剩"下之后，需要谋求一定的发展，适当地扩大发展规模，走向"成王"之路。

2. 战略转型方式——渐进式创新

渐进式创新是指企业通过渐进、连续的小创新，最终实现管理创新的目的，是一种利用现有资源、不断改进技术、服务现有用户群的创新方式。

（1）GE 矩阵分析法。通过 GE 矩阵，可以了解到"鱼结构"转型模型下各转型阶段佳偶公司的产品创新策略的制定，从而更加客观公正地给出评价。在 GE 矩阵分析中，经营实力表明企业的竞争能力（内部因素），而市场吸引力表明企业所处行业的发展状况与发展趋势（外部因素）。内外部因素分别给每个因素以权重，其数值范围由 0（不重要）到 1（非常重要），总数为 1。

1）产业吸引力权重确定。将指标分为十个维度，对各个维度的指标相互比较进行赋值（见表 2-2）。

表 2-2　产业吸引力权重分析

| | 市场规模 | 市场增长率 | 市场容量 | 利润幅度 | 竞争强度 | 进入壁垒 | 社会环境 | 政治环境 | 技术环境 | 经营风险 |
|---|---|---|---|---|---|---|---|---|---|---|
| 市场规模 | 1/1 | 1/1 | 3/2 | 2/3 | 3/2 | 3/2 | 2/1 | 3/2 | 1/1 | 2/3 |
| 市场增长率 | 1/1 | 1/1 | 3/2 | 2/3 | 3/2 | 3/2 | 2/1 | 3/2 | 1/1 | 2/3 |
| 市场容量 | 2/3 | 2/3 | 1/1 | 1/2 | 1/1 | 1/1 | 3/2 | 1/1 | 2/3 | 1/2 |
| 利润幅度 | 3/2 | 3/2 | 2/1 | 1/1 | 2/1 | 2/1 | 5/2 | 3/2 | 3/2 | 1/1 |
| 竞争强度 | 2/3 | 2/3 | 1/1 | 1/2 | 1/1 | 1/1 | 3/2 | 1/1 | 2/3 | 1/2 |
| 进入壁垒 | 2/3 | 2/3 | 1/1 | 1/2 | 1/1 | 1/1 | 3/2 | 1/1 | 2/3 | 1/2 |
| 社会环境 | 1/2 | 1/2 | 2/3 | 2/5 | 2/3 | 2/3 | 1/1 | 2/3 | 1/2 | 2/5 |
| 政治环境 | 2/3 | 2/3 | 1/1 | 1/2 | 1/1 | 1/1 | 3/2 | 1/1 | 2/3 | 1/2 |
| 技术环境 | 1/1 | 1/1 | 3/2 | 2/3 | 3/2 | 3/2 | 2/1 | 3/2 | 1/1 | 2/3 |
| 经营风险 | 3/2 | 3/2 | 2/1 | 1/1 | 2/1 | 2/1 | 5/2 | 3/2 | 3/2 | 1/1 |

资料来源：本文调研计算所得。

采用方根法求解各维度权重，计算判断矩阵每行的几何平均数如下：

$$\overline{N1} = \sqrt[10]{1/1 \times 1/1 \times 3/2 \times 2/3 \times 3/2 \times 3/2 \times 2/1 \times 3/2 \times 1/1 \times 2/3} = 1.16$$

$$\overline{N2} = \sqrt[10]{1/1 \times 1/1 \times 3/2 \times 2/3 \times 3/2 \times 3/2 \times 2/1 \times 3/2 \times 1/1 \times 2/3} = 1.16$$

$$\overline{N3} = \sqrt[10]{2/3 \times 2/3 \times 1/1 \times 1/2 \times 1/1 \times 1/1 \times 3/2 \times 1/1 \times 2/3 \times 1/2} = 0.80$$

$$\overline{N4} = \sqrt[10]{3/2 \times 3/2 \times 2/1 \times 1/1 \times 2/1 \times 2/1 \times 5/2 \times 3/2 \times 3/2 \times 1/1} = 1.59$$

$$\overline{N5} = \sqrt[10]{2/3 \times 2/3 \times 1/1 \times 1/2 \times 1/1 \times 1/1 \times 3/2 \times 1/1 \times 2/3 \times 1/2} = 0.80$$

$$\overline{N6} = \sqrt[10]{2/3 \times 2/3 \times 1/1 \times 1/2 \times 1/1 \times 1/1 \times 3/2 \times 1/1 \times 2/3 \times 1/2} = 0.80$$

$$\overline{N7} = \sqrt[10]{1/2 \times 1/2 \times 2/3 \times 2/5 \times 2/3 \times 2/3 \times 1/1 \times 2/3 \times 1/2 \times 2/5} = 0.57$$

$$\overline{N8} = \sqrt[10]{2/3 \times 2/3 \times 1/1 \times 1/2 \times 1/1 \times 1/1 \times 3/2 \times 1/1 \times 2/3 \times 1/2} = 0.80$$

$$\overline{N9} = \sqrt[10]{1/1 \times 1/1 \times 3/2 \times 2/3 \times 3/2 \times 3/2 \times 2/1 \times 3/2 \times 1/1 \times 2/3} = 1.16$$

$$\overline{N10} = \sqrt[10]{3/2 \times 3/2 \times 2/1 \times 1/1 \times 1/2 \times 2/1 \times 5/2 \times 3/2 \times 3/2 \times 1/1} = 1.59$$

将所得的向量归一化，计算权重如下：

$$Ni = \overline{Ni} / (\overline{N1} + \overline{N2} + \overline{N3} + \overline{N4} + \overline{N5} + \overline{N6} + \overline{N7} + \overline{N8} + \overline{N9} + \overline{N10}$$

$$N1 = 1.16 / (1.16 + 1.16 + 0.80 + 1.59 + 0.80 + 0.80 + 0.57 + 0.80 + 1.16 + 1.59)$$
$$= 0.11$$

$$N2 = 1.16 / (1.16 + 1.16 + 0.80 + 1.59 + 0.80 + 0.80 + 0.57 + 0.80 + 1.16 + 1.59)$$
$$= 0.11$$

$$N3 = 0.80 / (1.16 + 1.16 + 0.80 + 1.59 + 0.80 + 0.80 + 0.57 + 0.80 + 1.16 + 1.59)$$
$$= 0.08$$

$$N4 = 1.59 / (1.16 + 1.16 + 0.80 + 1.59 + 0.80 + 0.80 + 0.57 + 0.80 + 1.16 + 1.59)$$
$$= 0.15$$

$$N5 = 0.80 / (1.16 + 1.16 + 0.80 + 1.59 + 0.80 + 0.80 + 0.57 + 0.80 + 1.16 + 1.59)$$
$$= 0.08$$

$$N6 = 0.80 / (1.16 + 1.16 + 0.80 + 1.59 + 0.80 + 0.80 + 0.57 + 0.80 + 1.16 + 1.59)$$
$$= 0.08$$

$$N7 = 0.57 / (1.16 + 1.16 + 0.80 + 1.59 + 0.80 + 0.80 + 0.57 + 0.80 + 1.16 + 1.59)$$
$$= 0.06$$

$$N8 = 0.80 / (1.16 + 1.16 + 0.80 + 1.59 + 0.80 + 0.80 + 0.57 + 0.80 + 1.16 + 1.59)$$
$$= 0.08$$

$$N9 = 1.16 / (1.16 + 1.16 + 0.80 + 1.59 + 0.80 + 0.80 + 0.57 + 0.80 + 1.16 + 1.59)$$

= 0. 11

N10＝1. 59/（1. 16+1. 16+0. 80+1. 59+0. 80+0. 80+0. 57+0. 80+1. 16+1. 59）

= 0. 15

最终确定各因素的权重：市场规模为 0. 11；市场增长率为 0. 11；市场容量为 0. 08；利润幅度为 0. 15；竞争强度为 0. 08；进入壁垒为 0. 08；社会环境为 0. 06；政治环境为 0. 08；技术环境为 0. 11；经营风险为 0. 15。

2）企业竞争力权重确定。将指标分为十个维度，各个维度的指标相互比较进行赋值（见表2-3）。

表 2-3　企业竞争力权重分析

| | 市场份额 | 技术开发能力 | 管理能力 | 行业经验 | 利润幅度 | 知名度 | 相对成本 | 融资能力 | 产品质量 | 营销能力 |
|---|---|---|---|---|---|---|---|---|---|---|
| 市场份额 | 1/1 | 1/2 | 3/2 | 3/2 | 2/3 | 3/2 | 1/1 | 3/2 | 2/3 | 1/1 |
| 技术开发能力 | 2/1 | 1/1 | 5/2 | 5/2 | 3/2 | 5/2 | 2/1 | 5/2 | 3/2 | 2/1 |
| 管理能力 | 2/3 | 2/5 | 1/1 | 1/1 | 1/2 | 1/1 | 2/3 | 1/1 | 1/2 | 2/3 |
| 行业经验 | 2/3 | 2/5 | 1/1 | 1/1 | 1/2 | 1/1 | 2/3 | 1/1 | 1/2 | 2/3 |
| 利润幅度 | 3/2 | 2/3 | 2/1 | 2/1 | 1/1 | 2/1 | 3/2 | 2/1 | 1/1 | 3/2 |
| 知名度 | 2/3 | 2/5 | 1/1 | 1/1 | 1/2 | 1/1 | 2/3 | 1/1 | 1/2 | 2/3 |
| 相对成本 | 1/1 | 1/2 | 3/2 | 3/2 | 2/3 | 3/2 | 1/1 | 3/2 | 2/3 | 1/1 |
| 融资能力 | 2/3 | 2/5 | 1/1 | 1/1 | 1/2 | 1/1 | 2/3 | 1/1 | 1/2 | 2/3 |
| 产品质量 | 3/2 | 2/3 | 2/1 | 2/1 | 1/1 | 2/1 | 3/2 | 2/1 | 1/1 | 3/2 |
| 营销能力 | 1/1 | 1/2 | 3/2 | 3/2 | 2/3 | 3/2 | 1/1 | 3/2 | 2/3 | 1/1 |

资料来源：本文调研计算所得。

采用方根法求解各维度权重。计算判断矩阵每行的几何平均数如下：

$$\overline{N1}=\sqrt[10]{1/1\times1/2\times3/2\times3/2\times2/3\times3/2\times1/1\times3/2\times2/3\times1/1}=1.01$$

$$\overline{N2}=\sqrt[10]{2/1\times1/1\times5/2\times5/2\times3/2\times5/2\times2/1\times5/2\times3/2\times2/1}=1.93$$

$$\overline{N3}=\sqrt[10]{2/3\times2/5\times1/1\times1/1\times1/2\times1/1\times2/3\times1/1\times1/2\times2/3}=0.70$$

$$\overline{N4}=\sqrt[10]{2/3\times2/5\times1/1\times1/1\times1/2\times1/1\times2/3\times1/1\times1/2\times2/3}=0.70$$

$$\overline{N5}=\sqrt[10]{3/2\times2/3\times2/1\times2/1\times1/1\times2/1\times3/2\times2/1\times1/1\times3/2}=1.43$$

$$\overline{N6}=\sqrt[10]{2/3\times2/5\times1/1\times1/1\times1/2\times1/1\times2/3\times1/1\times1/2\times2/3}=0.70$$

$$\overline{N7} = \sqrt[10]{2/3 \times 2/5 \times 1/1 \times 1/1 \times 1/1 \times 1/2 \times 1/1 \times 2/3 \times 1/1 \times 1/2 \times 2/3} = 1.01$$

$$\overline{N8} = \sqrt[10]{2/3 \times 2/5 \times 1/1 \times 1/1 \times 1/1 \times 1/2 \times 1/1 \times 2/3 \times 1/1 \times 1/2 \times 2/3} = 0.70$$

$$\overline{N9} = \sqrt[10]{3/2 \times 2/3 \times 2/1 \times 1/2 \times 1/1 \times 1/2 \times 1/3 \times 3/2 \times 2/1 \times 1/1 \times 3/2} = 1.43$$

$$\overline{N10} = \sqrt[10]{1/1 \times 1/2 \times 3/2 \times 3/2 \times 2/3 \times 3/2 \times 1/1 \times 3/2 \times 2/3 \times 1/1} = 1.01$$

将所得的向量归一化，计算权重如下：

$$Ni = \overline{Ni} / (\overline{N1} + \overline{N2} + \overline{N3} + \overline{N4} + \overline{N5} + \overline{N6} + \overline{N7} + \overline{N8} + \overline{N9} + \overline{N10})$$

N1 = 1.01/(1.01+1.93+0.70+0.70+1.43+0.70+1.01+0.70+1.43+1.01)
    = 0.10

N2 = 1.93/(1.01+1.93+0.70+0.70+1.43+0.70+1.01+0.70+1.43+1.01)
    = 0.18

N3 = 0.70/(1.01+1.93+0.70+0.70+1.43+0.70+1.01+0.70+1.43+1.01)
    = 0.07

N4 = 0.70/(1.01+1.93+0.70+0.70+1.43+0.70+1.01+0.70+1.43+1.01)
    = 0.07

N5 = 1.43/(1.01+1.93+0.70+0.70+1.43+0.70+1.01+0.70+1.43+1.01)
    = 0.13

N6 = 0.70/(1.01+1.93+0.70+0.70+1.43+0.70+1.01+0.70+1.43+1.01)
    = 0.07

N7 = 1.01/(1.01+1.93+0.70+0.70+1.43+0.70+1.01+0.70+1.43+1.01)
    = 0.10

N8 = 0.70/(1.01+1.93+0.70+0.70+1.43+0.70+1.01+0.70+1.43+1.01)
    = 0.07

N9 = 1.43/(1.01+1.93+0.70+0.70+1.43+0.70+1.01+0.70+1.43+1.01)
    = 0.13

N10 = 1.01/(1.01+1.93+0.70+0.70+1.43+0.70+1.01+0.70+1.43+1.01)
     = 0.10

最终确定各因素的权重：市场份额为 0.10；技术开发能力为 0.18；管理能力为 0.07；行业经验为 0.07；利润幅度为 0.13；知名度为 0.07；相对成本为 0.10；融资能力为 0.07；产品质量为 0.13；营销能力为 0.10。

（2）GE 矩阵评分法。GE 矩阵中，外部因素评分采取 5 级评分标准（1=毫无吸引力，2=没有吸引力，3=中性影响，4=有吸引力，5=极有吸引力）。对内部因素也使用5级标准进行类似的评定（1＝极度竞争劣势，2＝竞争劣势，3＝同竞争对手持平，4＝竞争优势，5＝极度竞争优势）。评分根据佳偶管理层的5位管理人员的平均打分获得。

佳偶公司的第一次转型升级选择开拓 BT 工程类节能热水设备产品，将其作为"鱼头"和"鱼身"。BT 工程类节能热水设备产品与家用太阳能热水器同属太阳能热水器行业，在生产、管理、技术开发上有一定的联系和可借鉴性。而家用产品则退化为"鱼身"和"鱼尾"。

通过对佳偶公司第一次转型升级的 IE 矩阵分析，家用太阳能热水器产品在企业内部地位和行业吸引力方面都弱于 BT 工程类节能热水设备，家用太阳能热水器产品应采取撤退策略而 BT 工程类节能热水设备产品应采取增长与发展策略。因此，佳偶公司重点开发 BT 工程类节能热水设备产品，并将家用太阳能热水器产品作为"鱼尾"，减少或撤除企业资源的投入。

佳偶公司的第二次转型升级开拓了 BOT 类校园节能热水供应产品，将其作为"鱼头"。该产品是 BT 工程类节能热水设备产品的升级，提升了企业收益能力。

在佳偶公司第二次转型升级的 IE 矩阵分析中，家用太阳能热水器产品加权分数分别是 2.15 和 1.86，在企业内部已经处于竞争弱势地位，行业吸引力较低，应继续采取撤退策略，也可以选择放弃策略。BT 工程类节能热水设备产品的加权分数分别为 3.34 和 3.31，仍具有一定的产业吸引力和企业竞争优势，应采取维持策略。而 BOT 类校园节能热水设备的分数分别为 4.13 和 3.53，相比 BT 工程类节能热水设备有更好的优势。因此，佳偶公司将家用太阳能热水器产品作为"鱼尾"，以撤除资源投入，将 BT 工程类节能热水设备产品作为"鱼身"，作为主要营业产品，将 BOT 类校园节能热水设备作为"鱼头"，是企业下一步要发展的产品，重点开发。这一产品策略是符合企业发展需求的，适应企业环境的。

佳偶公司的第三次转型升级是开发节能热水整体解决方案产品。这类产品是 BT 工程类产品和 BOT 类产品的上游服务性产品，可以进一步增加企业竞争优势。佳偶公司放弃家用产品市场，将 BT 工程类产品退化为"鱼尾"，BOT 类产品退化为"鱼身"。

佳偶公司在产品的转型升级策略上，选择了渐进式创新；其一，分析佳偶公司"鱼结构"的转型升级模式可以发现，其三次转型升级，业务上在发展新产品的同时，并没有完全放弃旧的产品，而是将业务发展重心转移到新产品的推广，这就是一种产品结构的渐进式创新。其二，佳偶公司每一次转型升级开发的产品都是在已有产品上的渐进式创新，并且为产品的下一次转型升级奠定了基础。比如，佳偶公司的第一次转型升级开拓了 BT 工程类项目，为第二次转型升级开发 BOT 类项目积累了经验和培养了管理团队；而在第二次转型升级阶段，弱化家用太阳能热水器产品的业务占比，逐渐减少家用太阳能热水器产品的资源投入，其实是在为佳偶公司的第三次转型升级做铺垫。这是佳偶公司战略管理上渐进式创新的体现。

在企业发展初期，技术创新的主要目的为提升产品本身品质、提高产品的生产效率、提高产品自身的竞争力。在企业转型期，产品生产力的提高所带来的利润空间收窄，企业进行由制造向服务化转型的技术创新。佳偶公司在家用热水器运营稳定后，进行技术创新，开发工程类节能热水系统（工程太阳能热水系统、空气源热泵节能热水系统），建立并培养专业的技术团队。此后，企业创新原有管理方式，升级原有商业模式，将工程类节能热水设备的运营模式由 BT 转换为 BOT 加速制造服务化进程。在企业由制造向服务化转型后期，企业将制造与服务相结合后，技术创新则主要体现在提升服务水准、拓展服务范围，如开发物联网太阳能、全自动智能控制节能热水系统。佳偶公司转型期间三项主要的技术创新之间都有一定的联系和可借鉴性，是逐渐递进的技术创新（渐进式创新）。

## 四、战略转型路径——制造服务化

随着全球经济的一体化，全球制造业所处的经济环境正发生着一场影响深远的变革，制造业开始向一个新的领域聚焦，更加关注产品价值的实现。制造服务化是目前世界制造业发展的两大趋势之一（另一趋势是制造高端化）。

2013 年，佳偶公司以"以琳"品牌推进 BOT 模式的校园节能热水供应服务，提供"产品+服务"的业务模式，开始向服务化转型。在向服务化转型的过程中，佳偶公司加大产品创新力度，围绕工程市场、校园市场推出了物联网太阳能、全自动智能控制节能热水系统，适应如雨后春笋般涌现的集热工程市场与校园节能热水服务需求，不断提高节能热水供应服务质量。

目前，佳偶公司成功由一家低端的太阳能热水生产企业转型升级成为主营节能热水系统集成的中高端制造服务型企业。企业累计完成工程量 2.5 亿元，2016 年毛利率为 40%，营业收入 600 万元，盈利能力稳定可靠。佳偶公司已成为浙江地区中职、高中学校洗浴热水服务领跑者，投资及运营的学校近 50 余所，服务在校学生 6 万余人。

这一转型过程中，佳偶公司的服务性逐渐增强，并逐渐与制造性融合。兼具制造性与服务性的佳偶公司，摆脱了中小制造企业的低利润窘境，企业的资金流转更稳定，更能抵御市场的多变性，从而具有更强的生存续航力和更大的发展潜力。佳偶公司下一步将发展重心放在节能热水整体解决方案业务的拓展上，并期望成为涵盖各领域最具专业规模的节能热水服务及数据集成商。佳偶公司为什么会选择制造服务化的转型之路呢？根据图 2-5 可以详细地了解其制造服务化路径的形成动力来源。

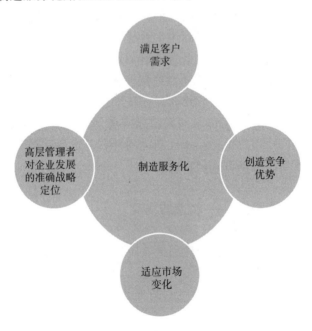

**图 2-5 制造服务化动力**

资料来源：本文研究整理。

1. 满足客户需求

服务化很大程度上受客户需求的影响。随着经济的发展，用户对制造业的需求已不仅仅局限于有形产品，开始注重产品开发、销售、安装以及维护的全生命周期的服务保障；产品的内涵已经从单一的实物，扩展到为用户提供全面解决方案。2012 年，在单机太阳能热水器市场遇冷的严峻形势下，工程市场却呈现欣欣向荣的景象。此外，后勤社会化成为高校后勤改革的方向和目标，高校后勤从传统的学校自身配套模式转向适应市场需求的现代企业制度。而在高校后勤服务中，集体热水供应是必要的服务之一。洗漱是每个学生生活中必不可少的活动，预示着高校热水供应服务有巨大的市场潜力。2013 年，佳偶公司以"以琳"品牌推进 BOT 模式的校园节能热水供应服务市场时，大学这一细分市场已接近饱和，但高中这一细分市场仍是一片蓝海，发展前景巨大，于是，佳偶公司重点开发高中/中职市场，成为浙江地区中职、高中学校洗浴热水服务领跑者。

2. 创造竞争优势

2011～2012 年，单机太阳能热水器市场形势严峻，一大批中小制造企业被淘汰，很大的原因就是中小企业的产品同质化严重，缺乏品牌的竞争优势。在传统的以成本为取向的制造业中，当产业的生产技术成熟且共享，难以实现新的技术创新时，就会出现产品同质化问题。而服务化战略是创造差异化优势的重要手段。服务环节的产品种类繁多而且具有个性化、不易模仿性，就能够获得较长时期的差别化竞争优势。相对于制造业，服务业通常能提供更为稳定的收益来源。太阳能热水器产业中服务性的价值活动主要为解决方案设计、热水经营和设备维修，且在工程市场占比较大。因此，佳偶公司通过单机市场转型进入工程市场，继而向服务化转型，有利于企业实行差异化战略，增加企业竞争优势。

3. 适应市场环境变化

生产制造在市场供应链中处于低端，附加值较低，市场竞争激烈。近年来，随着原材料价格上涨和人力成本上升，制造业的成本越来越高，原本已经很低的利润空间再度被挤压，传统的加工制造业的发展空间越来越窄。2008～2012 年，在政府绿色能源以及家电下乡政策的支持下，太阳能热水器市场规模不断扩大，几大巨头企业（当时的中国十大太阳能生产厂家，如皇明、四季沐歌等）占据大部分市场，中小企业不断涌入，市场竞争程度不断加剧，市场达到饱和。而家用太阳能热水器产品使用周期较长，过度的消费已经提前消耗了太阳能热水器未来几年的需求。在单机太阳能热水器市场"遇冷"的同时，工程市场开始显现出强劲的发展势头。提前预见到这一市场发展趋势的佳偶公司，2009 年初毅然决定转型，通过制造服务化的转型升级，2013 年成功在 BOT 高校节能热水供应市场中站稳脚跟，提前应对市场环境的变化，规避了一定的风险。

4. 高层管理者对企业发展的准确战略定位

高层管理者对企业发展的战略规划是影响制造企业是否实行服务化战略的重要内部驱动力。在进行企业战略决策时，佳偶张恩军准确预见太阳能热水器市场的发展趋势，及时制定企业转型升级战略，使佳偶公司顺利完成制造服务化转型。

## 资料来源

[1] 于璇. 太阳能热水器行业：吹响集结号：太阳能热水器行业的机遇与挑战 [J]. 电器，2009（9）.

[2] 李曾婷. 太阳能热水器：沉寂与坚守，行业逐渐平稳 [J]. 电器，2016（8）.

[3] 李曾婷. 太阳能热水器主要产区调研之浙江：转型，还是坚守 [J]. 电器，2014（10）.

[4] 刘译文，制造企业服务化战略研究综述 [J]. 科学论坛，2016（12）.

[5] 国研中心企业所课题组. 渐进式创新优于突破式创新 [J]. 中国经济报告，2017（5）.

 **经验借鉴**

本案例在理论分析的基础上，深入研究了佳偶公司转型升级之路，探讨战略转型路径—制造服务化、战略转型方式—渐进式创新，解读佳偶公司的两大转型升级原创法宝——"鱼结构"转型模式、"剩者为王"理念。佳偶公司转型升级主要经验：①路径依赖理论的灵活运用与继承创新。佳偶公司借势进入太阳能生产市场，是对路径依赖的学习、突破与创新。在发展过程中，很多企业会因为思维的僵化而陷入路径依赖，故步自封。推脱路径依赖的关键是突破思维僵化，从强调现有知识经验的制约性转向注重其支撑性、从注重战略的跨越式调整转向注重渐进式调整、从注重单轮性转型转向注重持续性转型、从被动适应性转型转向主动创造性转型、从注重成本降低转向注重价值创造。②依据"鱼结构"转型模式进行渐进性创新转向制造服务化。佳偶公司通过"鱼结构"转型模式对经营内容、经营模式以及战略管理进行阶段性创新，不断地改善企业的经营管理，在一定程度上缓解了资金问题，使企业逐渐实现质变，并且顺利度过困难阶段，进行转型升级，实现了从以家用电器业务为主到以工程类业务为主再转向 BOT 模式的一系列转型升级。佳偶公司为了满足高校集中热水供应的客户需求以及适应生产制造在市场分工链中处于低端，附加值较低，市场竞争激烈的市场环境变化进行了经营内容与模式的改革创新，通过服务化战略在传统成本取向的制造业中创造了竞争优势。转型之后佳偶公司兼具制造性与服务性，摆脱了中小制造企业的低利润窘境，企业的资金流转更稳定，更能抵御市场的多变性，从而具有更强的生存续航力和更大的发展潜力。这种转型模式比较稳定安全，绿色能源中小型企业可以借鉴该公司的转型升级结构模式，立足公司发展现状以及未来发展需求进行相应的改善创新，帮助公司尽快破解转型困境，升级成功。③在蘑菇定律下坚持"剩者为王"的理念。佳偶公司经历了一系列的困难挫折，在这些成长过程中必须要经历的磨难提高了公司的生存能力，使公司更加坚强稳定，在转型升级过程中能更好地贯彻"剩者为王"的理念。这种理念非常值得绿色能源中小型企业学习借鉴，中小型企业由于资源匮乏而且面临大型企业的竞争压力，几乎是在夹缝中求生存，能够成为"幸存者"活下来就是最大的成功。

## 本篇启发思考题

1. 中小制造企业转型升级的动因是什么？
2. 制造服务化转型对制造企业有何启示？
3. 渐进式创新转型有何特点？
4. 佳偶公司"鱼结构"转型模式有何特色？
5. 佳偶公司转型升级对中小制造企业有何启示？

# 第三篇

# 党建构造民营企业组织文化体系研究：
# 以红狮控股集团为例

 公司简介

红狮控股集团有限公司（以下简称红狮集团）位于浙江省兰溪市，是一家专业生产高标号水泥的大型民营企业。经过20多年的发展，该企业已成长为中国企业500强、中国民营企业500强和中国最大民营建材企业，现拥有水泥、环保、投资三大板块，在浙江、江西、福建等10个省有40余家大型水泥企业，在老挝、尼泊尔、印度尼西亚、缅甸4个国家有5个大型水泥项目，年产能约9000万吨；是杭州银行和中国民生投资股份有限公司主要股东。截至2017年底，红狮集团总资产约339亿元，员工1.2万余人，2017年实现销售收入333亿元，上缴税收约15亿元。

## 案例梗概

本案例以红狮控股集团有限公司为研究对象，分析了企业党建在提升企业文化软实力、推进企业可持续发展中起到的重要作用。本案例结合洋葱模型提出企业文化四层次，即物质层、行为层、制度层、理念层，对红狮集团围绕企业党建所构造的以"家文化"和"狮文化"为代表的独特企业文化体系进行了深入剖析，寻找集团党建工作与企业文化有机融合的各类举措对促进企业发展所起作用背后的内在机理，得出红狮集团将融入党建的企业文化优势转化为经济优势的传导过程，为其他企业提供党建工作与企业文化建设共融发展的新思路。

**关键词：** 红狮控股集团；党建；民营企业；企业文化

**案例全文**

## 一、困局与解局

1. 企业扩张，发展遭遇"瓶颈"危机

红狮集团总部设在四线城市兰溪市，由于水泥产业的特殊性，使得其只能将工厂设于偏僻山区，极不便利的交通使得很多毕业的大学生不愿意前往就业，红狮集团的人才结构极其不合理，重金引人也难以留人，集团的离职率常年高居 20%。

由于水泥销售半径的影响，为了扩大市场，红狮集团不得不向外扩张，在各地开设子公司，随着子公司数量的不断增多，管理问题也随之而来，董事长章小华最忙时曾创下 4 个月不休息的纪录，可还是问题频发，董事长心力交瘁。

随着红狮集团规模的不断扩大，员工素质问题也逐渐凸显。公司大部分员工皆为兰溪当地人，且学历水平不高，大多以"混日子"为主要工作目的，导致红狮集团员工的整体风貌不佳，效率低下、执行力不足成为红狮集团发展的又一大"瓶颈"。

高技术人才接连离职，水泥工人青黄不接，部门横向沟通不畅，产品品质提升缓慢，新技术研发落后，大批量订单数量下降，市场占有率停滞不前，企业经营成本逐年增大，这些问题都极大地影响了集团发展。

2. 党建引领，构建特色企业文化

企业家精神就在于勇于挑战、不断创新。面对发展困境，章小华思考探索如何推动企业发展内生驱动力。伟大的中国共产党，在短短的时间里，把中国这个曾经极度落后的国家带领成为了世界第二大经济体，其中蕴藏着怎样的力量，这股力量是否可以同样作用于企业的发展？一个大胆的尝试在红狮集团推开。

红狮集团前身是兰溪市第六水泥厂，于 1994 年成立兰溪市第一个民营企业党支部，当时党员 23 人。2003 年企业成立党总支部，自此，红狮集团开始围绕党建开展企业文化建设，"以党建生产力推动企业健康稳步发展"成为红狮集团文化建设的主旋律。在过去的 17 年时间里，红狮集团党建文化建设先后经历了萌芽期、成长期、成熟期三个阶段。2003～2007 年为萌芽期，该时期集团初步确立了"把党建作为企业文化构建的重要抓手"这一理念。2008～2015 年为成长期，此阶段集团依靠党建已经建立起了比较完善的企业价值理论体系。2016 年后稳步进入成熟期，红狮集团形成了以党建文化核心价值观为导向，并以此为企业决策提供指导作用。员工的价值观、工作行为等已经与企业党建文化紧密结合在一起，红狮特色党建文化成为红狮企业管理的一种重要方式。

3. 内生驱动，红狮集团上演王者归来

"党建强，发展强"，红狮集团用事实证明可以通过党建来引领和塑造企业文化。民营企业党组织作为党的基层组织的有机组成，用好党建同样可以提升生产力。红狮集团以党建促发展，树立以"追求全体员工物质精神幸福"的使命，形成员工满意度极高的"家文化"，提高员工工作积极性，增强团队凝聚力，同时也提高了工作绩效。红狮集团还营造以竞争意识为核心的"狮文化"，鼓励员工勇于创新，打造"狮子型"团队，从而提升核心竞争力。此外，红狮集团还大力推动党建共建，主动承担企业社会责任，既提高了公司的美誉度，又取得了良好的社会效益。

"党建做实了就是生产力，做细了就是凝聚力"。党建文化建设对红狮集团整体实力的提升起到了不可忽视的作用，有效推动企业实现全方位发展（见图 3-1）。

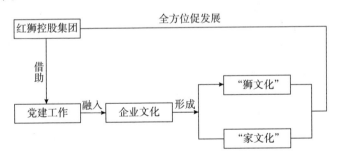

**图 3-1 党建文化构建推动红狮集团发展**

资料来源：本文研究整理。

最初很多企业认为开展企业党建是无意义的活动，甚至还会徒增企业运营成本，加重企业负担，而红狮控股集团独具慧眼，围绕党建构造企业组织文化体系，构筑内生驱动力，推动企业取得显著成就。红狮集团高度认同并积极响应习近平总书记提出的"民营企业搞党建不是一种形式的、功利的想法，要真正拥护党的理念，做到心中有党"的科学论断。在发展过程中，把实现党建与企业发展的双赢格局作为发展目标，始终坚持"一切工作到支部，支部建在项目上"的鲜明导向，把党组织前移到一线，把党建力量下沉到一线，坚持党员是集团最核心的团队，充分释放"红色先锋"的力量，形成了具有红狮特色的"海外创新、党员创客、纪检创优"——党建"三创"品牌，并在浙江省范围内被广泛推行，真正实现了党建工作与企业发展双轮驱动，互融共进，为企业如何做实党建提供了优秀范本。2017 年，《人民日报》《光明日报》《浙江日报》等主流媒体在要闻版面专版报道红狮集团党建新作为，肯定红狮集团在党建引领企业发展中的关键作用。

## 二、基于洋葱模型的红狮集团党建文化构建

### 1. 洋葱模型概述

所谓洋葱模型，是把胜任素质由内到外概括为层层包裹的结构，其核心是动机，然后依次为个性、自我形象与价值观、社会角色、态度、知识、技能。越向外层，越易于培养和评价；越向内层，越难以评价。

荷兰教授 G. 霍夫斯塔得在著作《跨越合作的障碍——多元与管理》中写到，大体一致的文化结构由物质生活文化、管理制度文化、行为习俗文化和精神意识文化组成。我国学者刘光明教授将其提炼为洋葱模型（见图 3-2），在洋葱模型中，企业文化是一个完整的体系，由内而外分别包括精神文化、制度文化、行为文化、物质文化四个维度。

物质层，是企业文化的表层，如同人的"着装"，包裹在身体的最外层，在企业文化形成的过程中以物质的形式表达企业表层文化。行为层，是企业文化的浅层，如同人的"言行"，是企业全体上下在企业文化核心指引下所表现的行为方式。制度层，是企业文化的中间层，如同人的"四肢"，是企业在企业管理与企业文化建设过程中各种规章制度、管理理念的总和。理念层，是企业文化的内核，如同人的"大脑"，是企业在长期企业文化建设实践中为全部或大部分企业员工所认同的价值观和精神成果，是企业整体精神面貌的集中体现。

### 2. 红狮集团党建文化的"洋葱模型"分析

（1）理念驱动。理念驱动即企业的核心价值观建设。红狮集团以党建文

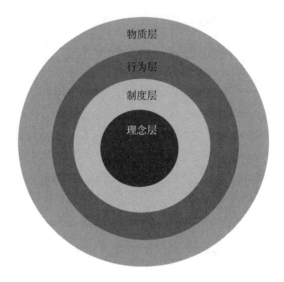

**图 3-2　洋葱模型**

资料来源：杨杜．企业文化的洋葱模型［EB/OL］．https://www.360kuai.com/．

化建设中的"家文化""狮文化"为核心，以提升全体员工的物质精神满足感为总纲领，通过一系列理论学习与党建活动，深化全体员工的文化认同感。

首先，紧抓学习教育，强化党的自身建设。集团党委全面健全党的组织生活，以"两学一做""主题教育""三会一课"为学习载体，从严教育管理党员，教育引导党员尊崇党章、遵守党规，自觉按照党员的标准规范言行，进一步坚定理想信念，增强党员素质，提高党性觉悟，提升基层党组织的凝聚力、战斗力，确保企业党组织"一心向党"，与党同心同向同行。

其次，宣扬红狮文化，打造正气和谐好环境。以"狮"文化带团队。集团切合管理层、部门、车间、班组"一把手"党员占比超过81%的实际，每年投入1500余万元，分梯次实施"党员骨干成长计划"，开设红狮经营哲学，浙江大学 EMBA 和 EDP，新东方英语，健峰班组长等培训班，提升综合素质。将公道正派、知人善任、善于合作等八个方面作为"一把手"岗位要求，凝聚团队"细胞"发挥乘数效应，打造"狮子型"团队。

以"廉"文化树正气。加强廉洁文化建设，有助于企业提升管理水平，增强企业的凝聚力和核心竞争力。集团党委定期进行党员廉洁文化主题教育活动，推行集团内廉政文化，并按集团、区域公司、子公司三级设立纪检监察室，配备专职纪检人员，减少了违法违纪现象的出现，为公司挽回了经济损失。集团的廉洁文化建设，从思想上引导企业员工树立正确的世界观、人生观、价值观，廉洁正气之风逐渐深入人心。

以"家"文化显关爱。员工是企业最宝贵的财富。集团党委坚持以人为本，立足做有温度的党建，开展关爱员工"十到家"活动。制定"家"规、设立"家"长、定期"家"访、开展"家"聚会，从点滴做起，以情感待人，做到员工生活问题有人管、家庭困难有人帮，切实解决员工后顾之忧，增强员工凝聚力、向心力，创建和谐红狮，不断创造亲情化的企业氛围。

（2）制度规范。红狮集团秉着建强组织，建好队伍，提升自身组织力，释放"一切工作到支部"红利的原则，不断加强党建制度建设。集团成立党建制度建设小组，对企业的现代管理制度、流程进行梳理优化，以促进企业的深度发展。现已初步编写了以组织建设标准化、班子建设标准化、队伍管理标准化、教育培训标准化、制度运行标准化、基础保障标准化、目标管理考核方案七大板块为一体的红狮党建纲领性制度，该制度标志着红狮集团在党建工作与企业发展互促共进的道路上迈出了坚实的一步。

以海外项目党支部为例的"三联系、三关心、三传递"制度，每月由党员与联系对象开展谈心谈话，向他们传递正能量、传授新技能以及传递组织温暖。以"家"文化建设为例的"十到家"制度，由"家"长为员工代买机票车票，代办家属就医，子女就学手续等，把党组织的温暖落到实处。制度化使得一切流程更加规范化，各项举措能更好、更快地加以落实，员工对公司的满意度也逐年提升。

（3）行为引导。集团抓好党员队伍建设，发挥党员的模范带头作用和党员干部引领作用，树立真抓实干的工作作风，实现集团员工的自我认知、自我约束、自我管理。

1）红色先锋——发挥党员的模范带头作用。"一个党员就是一面旗帜，一个支部就是一个堡垒"。集团贯彻"组织跟着项目走，项目建到哪里，组织就延伸到哪里"的思路，通过党员联系群众制、党员创客工作室、"建功+服务"模式等，引导一批党员很好地发挥了先锋作用，在他们的带领下逐渐形成了"关键岗位有党员、困难前面有党员，技术攻关有党员"的思想氛围。

党员包华标领衔的党员创客工作室进行的"粉磨系统降电耗创新项目"研究，做出"一年时间完成项目攻坚"承诺，带领10名党员利用休息时间梳理6项关键问题改进措施，仅用10个月就取得集团制成工序电耗下降1.7度的突破性进展，创造年综合效益4300余万元，为企业发展做出重要贡献。

众所周知，尼泊尔、老挝、印度尼西亚等地条件艰苦，集团海外项目的实施过程异常艰辛，以条件最为恶劣的尼泊尔为例，由党员自发组成的"党员抢险队"，参与道路塌方等应急事故处置 200 余次，不辞辛劳，现已基本解决了尼泊尔道路问题，大大提高了项目的实施进度。经过多年的"红色先锋"队伍建设，党员已成为引领红狮集团跨越发展的红色元素，"党员红"成了红狮集团最美风景。

2）"红色头雁"——党员干部身体力行、以上率下。"群雁齐飞头雁领，党员共进书记带"。建强支部，关键是要选优配强党支部书记。为此集团党委实施"红色头雁"培育计划，规定子公司总经理是党员的都兼任支部书记，非党员的要重点培养、加快发展。通过一系列"红色头雁"活动的实施，集团中已涌现出一批优秀的领导者，汇聚成了一股强大的力量。

"两优双晋"是由集团思想导师集合工作室成员组成的拓展型党小组，以提升集团干部的综合素质为首要目标而成立的，该项目通过建立"个人短板对标破解清单"推动 55 位党员通过对标销号提升星级，引领 22 位员工成为入党积极分子；与此同时，业务导师传帮带 24 名党员、27 名员工提升技能等级，形成了党员、员工一起晋思想、晋技能的"两优双晋"成才氛围。集团通过此项目大大地推动了干部队伍的凝聚力和领导力的提升。

3）业绩导向——营造真抓实干的良好作风氛围。推动企业员工工作作风改变，着力营造真抓实干的浓厚氛围，红狮集团一直在路上。集团通过对党员、职工的"六个优先""双培一选"等项目的实施，极大地推动了员工工作作风的改变。

集团对表现突出的党员、职工，实行提拔任用优先、学习培训优先、评优表彰优先、奖励激励优先、海外推荐优先、职称考评优先的"六个优先"，从物质、精神两方面勉励他们在项目攻坚中的突出作用，激活参与创新发展的主动性。如"粉磨系统降电耗创新项目"取得集团创新成果一等奖，包华标个人获得 10 万元现金奖励，并被推荐评选为兰溪市优秀共产党员。

集团通过"双培一选"选拔人才，把优秀企业管理者、专业技术人才和一线员工培养成党员，把党员培养成业务骨干，以业绩为导向把党员优秀人才选拔进中层和高管。双向培养机制的建立和推进，实现了党建工作与人才培养的良性循环。

（4）物质激励。红狮通过规范着装、规范服务、办公环境、夯实基础等，展现集团"党建"企业文化最美的一面。

1）活用"互联网+"，打造"实体+虚拟"学习平台。集团打造"实体+虚拟"学习平台。依托集团高仿真网络视频会议系统，建立实体"海外项目党支部活动室"，海外党员通过视频连线，与国内同步开展"两学一做"学习教育，落实主题党日"八个一"标准。以微信为媒介，组建虚拟"E支部活动室"，发布党章党规、时事政治、国际局势等内容，推动学习全面化、全时化。

2）软硬件并举，提升党员队伍素质。集团从硬件和软件两方面来加强党的组织建设，提升党员队伍的素质。成立专门工作小组，投资约200万元建成以"围绕双强目标彰显红色动力"为主旋律，以"红色架构、红色岁月、红色引擎、红色走廊、红带共舞、三创园地、精英摇篮、硕果累累、展望未来"为版块的集团总部党建展厅。通过建设集团总部党建展示厅既展示了红狮控股集团的企业党建成果，又富有教育意义，能够让党员员工不忘初心、牢记使命，也能让全体普通员工感受到党的引领作用。展厅成为集团党建工作的集中展示和全体党员开展学习教育的红色阵地。

## 三、红狮集团党建文化作用机理

基于上面的模型分析可知，红狮集团的党建企业文化从理念层、制度层、行为层、物质层四个方面促进企业发展。四个层次逐步递进，相互作用，物质层是党建管理的基石，行为层为员工树立风向标，制度层为体系提供保障，理念层为企业注入灵魂。红狮集团党建文化体系每一个环节都紧密相扣，比如在制度层面中，将"家"文化的内容规划到制度范畴，进而对员工的理念进行融合，由被动层面不断转换为主动层面，对推动企业发展起到了重要作用。

1. 导向作用

党建文化作为企业价值观建设的方向盘，具有正向的指引作用。在党建文化的助推下，红狮逐步形成了以"家文化""狮文化"为基础的企业核心价值观，为企业的发展战略制定了方向，告诉员工应该怎么做，指明了员工的努力方向并引导全体员工朝着共同的方向发展。

2. 凝聚作用

在党建文化的重要推动下，红狮集团的员工离职率由原来的15%大幅度下降，降至2%，本科生以上学位的比例也由原来的20%提升到了79%，集团逐年加大人才的招募。在红狮，员工与企业之间除了简单的劳务关系外，更多的是一种"家与家人"之间的关系，员工的企业认同感也在不断提升。这使得集团上下拧成一股绳，朝着共同的目标发展。

3. 激励作用

红狮集团党建文化中"致力于提升全体的物质精神幸福"的集团使命极大地激励了员工的工作积极性，激发了员工的潜能，促进了企业不断发展。

4. 约束作用

红狮集团党委全面监督与廉文化的党建文化建设很好地告诉员工什么是对的、什么是错的，该做什么、不该做什么，包括奖励与惩罚等，指导员工的各种行为，使员工进行自我管理与自我约束。

5. 协调作用

党建文化企业使得员工之间的交流更加紧密，促进了集团个人与个人、个人与企业之间、企业内部和外部之间各种关系的协调，有利于形成合力，促进企业发展。

对于红狮集团而言，其利用党建进行企业文化建设获得成功的原因正是充分迎合了企业文化建设的相关理论，其将理论联系实际，从理念、制度、行为、物质四个方面着手进行企业的党建文化建设，将党建文化落地，架起了一条将务虚的党建企业文化与务实的员工行为绩效之间有效连接的桥梁，极大地促进了红狮集团的发展，突破了企业文化建设的发展瓶颈。党建强，发展强，红狮集团能够在重工业普遍发展缓慢的经济环境中展示出蓬勃的发展势头，这与企业把党建作为一个重要文化抓手来抓是密不可分的。

## 四、基于实证研究的党建文化促动员工行为改善分析

为进一步探究红狮集团党建文化建设对员工行为的影响，本案例还采用问卷调查法和实验研究法进行实证研究，开展红狮集团企业员工行为三因子的检验。首先通过红狮管理层了解红狮员工普遍存在优于其他企业的行为方式，运用扎根理论提取出相应条目，分析出红狮集团员工行为的三大因子。其次基于三大因子的问卷设计，对扎根提取出的因子进行 Amos 检验，最后阐明了党建工作对企业员工行为的改善作用。

1. 工作价值观结构

研究论证构成红狮员工工作价值观结构的三因子分别为：职位认同、思

建导向、工作态度。其解释意义如下：

（1）职位认同是指在企业党建文化的影响下，员工与企业形成的互相信赖关系，即员工认可企业，企业尊重员工。它使得员工自觉遵守规章制度，全心全意为公司服务，实现自己的人生价值。

（2）思建导向是指在企业党建文化的影响下，员工积极参与企业的各类思想教育活动。它使得企业各类的培训活动有效性大大提高，企业可以明显地看到员工在工作能力和思想上的变化。

（3）工作态度是指在企业党建文化的影响下，员工的工作态度得到极大的改善。它使员工工作时更严谨、更善于在工作中有所创新，同时使同事之间的相处也更加融洽。

（4）案例研究小组基于三因子对红狮集团141名员工进行了问卷调查，在剔除了雷同问卷、空缺问卷等无效问卷后，总计回收有效问卷110份（见表3-1），有效率达78.0%，问卷填写人员各比例分配基本符合集团的整体分布。

**表3-1　样本信息基本情况**

| 样本特征变量 | | 人数 | 百分比（%） | 样本特征变量 | | 人数 | 百分比（%） |
|---|---|---|---|---|---|---|---|
| 年龄 | 22~30岁 | 44 | 40.00 | 职务 | 基层人员 | 46 | 41.82 |
| | 30~40岁 | 44 | 40.00 | | 部门主要人员 | 29 | 26.36 |
| | 40~50岁 | 20 | 18.18 | | 部门负责人员 | 32 | 29.09 |
| | 50岁以上 | 2 | 1.82 | | 高层管理人员 | 3 | 2.73 |
| | 填写合计 | 110 | 100.00 | | 填写合计 | 110 | 100.00 |
| 工龄 | 两年以内 | 26 | 23.64 | 政治面貌 | 党员 | 32 | 29.09 |
| | 2~5年 | 18 | 16.36 | | 群众 | 78 | 70.91 |
| | 5~10年 | 41 | 37.27 | | 填写合计 | 110 | 100.00 |
| | 10年以上 | 25 | 22.73 | | | | |
| | 填写合计 | 110 | 100.00 | | | | |

2. 基于三因子的问卷分析

（1）红狮集团员工在职位认同方面突出，工作态度与思建导向次之。如图3-3所示，红狮控股集团员工在职位认同方面较为突出。由此可见，在集团党建工作的推动下，红狮员工与集团之间除了单纯的甲乙方关系外，还多了一层"家人"的关系，增强了员工的凝聚力和归属感。此外，红狮集团员工在工作态度和思建导向方面也较为突出，问卷数据分析结果与三因子模型基本符合。

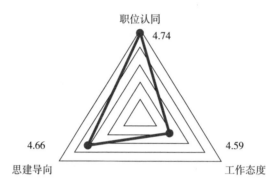

**图3-3　红狮集团员工行为雷达图**

（2）红狮集团党建工作对党员的影响大于群众，可见其党建工作卓有成效。如图3-4所示，红狮集团的党员得分远高于群众，这与集团提出的"红色头雁"计划密不可分，该计划使得红狮集团的党员发挥了模范先锋作用，也正因为党员的带头联动作用，激发了群众的工作热情，工作态度积极。为此，我们可以认为，民营企业加强党建工作，势必要加强党员的模范作用，党员群体在企业党建工作的成败上起到了关键作用。

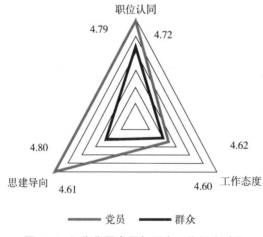

**图3-4　红狮集团党员与群众工作行为对比**

（3）红狮集团党员社会责任感强烈，更愿意为社会服务，群众员工存在差异。研究小组基于110份有效调查问卷数据得出的关于员工工作价值观取向的变化，图3-5反映的是党员与群众的工作价值取向对比情况，从图中我们可以看出，红狮集团的员工社会责任意识非常强。此外，在与党员和群众的数据对比中，可以得出党员群体的思想境界高于群众，其自身工作价值取向更倾向于自我价值实现等精神需求，而群众则更倾向于养家糊口等现实需求。

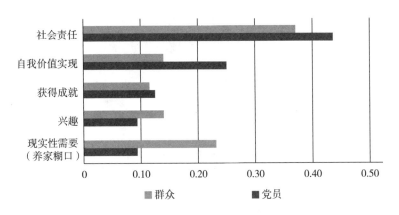

**图3-5　员工工作价值观取向变化**

（4）红狮集团党建工作对员工行为影响效果显著，且党员大于群众。图3-6反映的是党员与群众的工作价值观改善情况的对比，可以明显看出党员工作价值观的改善情况明显优于群众。在所调查的党员中，88%的党员在入职后更愿意以身作则，84%的党员在入职后对自身要求越发严格。总体来看，党员与群众的价值观改善情况大致相似，两方在各方面都有所改善。可见党建对于红狮集团员工的影响是积极的，且对党员的影响高于群众。

"党建强，发展强"。红狮集团领导人高瞻远瞩，深谋远虑，将党建作为构建企业文化的重要抓手，形成了独具特色的红狮"狮文化"和"家文化"，也使得红狮集团跃升为如今的水泥行业第一梯队。未来的红狮集团必定会以更昂扬的姿态，打造更完美的红狮党建品牌，带领集团走向新的辉煌，同时也给其他企业以借鉴作用。

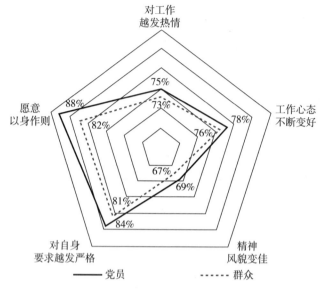

图 3-6　员工价值观改善情况对比

## 资料来源

［1］实录：习近平总书记在党的十九大的报告［EB/OL］. 中国青年网，2017-10-18.

［2］王少杰，刘善仕. 中国企业文化的演化模式探讨［J］. 管理世界，2013（2）.

［3］侯烜方，李燕萍，涂乙冬. 新生代工作价值观结构、测量及对绩效影响［J］. 心理学报，2014（6）.

［4］杜晶. 宁波 G 律师事务所文化建设——基于洋葱模型的分析［D］. 宁波大学硕士毕业论文，2005.

［5］红狮集团访谈［EB/OL］. http://www.hongshigroup.com/.

 经验借鉴

本案例以洋葱模型为理论基础，结合红狮集团围绕党建构建企业文化的相关举措，从理念层、制度层、行为层、物质层对集团党建文化体系构建展开了深入分析。红狮集团通过卓有成效的党建工作，做到齐心协力，注重引领，以党建为体、以文化为翼，相辅相成，构筑了以"家文化"和"狮文化"为代表的企业文化，凝聚了企业全体员工的共识，促进企业又快又好地发展，成为民营企业通过党建工作构建企业文化从而获得成功的典型，为其他企业的党建文化体系构建提供了参考范例。红狮集团的主要可借鉴经验如下：

1. 量体裁衣，探索适合企业的党建文化体系

经济基础决定上层建筑，而企业文化则与企业类型密不可分。企业文化的构建要结合企业自身的实际运作情况。红狮集团探索出了一套用党建来促进企业文化体系构建的新模式。劳动密集型企业员工数量众多，素质参差不齐，管理难度较大，党建文化有助于解决这类问题。"榜样的力量是无穷的"，党员发挥先锋模范作用，有助于创先争优的良好企业氛围的形成。企业要想又快又好地发展，必须发挥好党员的带头示范作用，党员要做敢于担当、信念坚定、清正廉洁的表率。

2. 深度融入，构造企业党建文化体系

企业文化是企业的魂，是企业经久不衰的动力源泉。良好的企业环境和高素质的员工，离不开优秀企业文化的塑造。党建是促进民营企业健康发展可借助的先进力量，把党建融入企业文化建设属于企业自身的独特文化，是企业文化建设的有效方式。党建文化和企业文化的有机结合，能更好地推动企业的进步和发展。企业可以通过积极策划各种线上线下党建活动，如学术报告会、座谈会等，培养员工的综合素质，努力营造学习型和创新型的企业环境，同时也要宣扬以人为本的人文精神，强调团结一致的重要性。除此之外，还应有关爱员工的"家文化"，做有温度的企业党建。民营企业应当紧跟党中央的步伐，积极做好党建工作，在企业发展中传达积极向上的理念，将党建工作与企业文化完美结合，提升企业竞争力。

3. 兼容并蓄，打造特色企业党建文化

一个企业可以看作社会的小缩影，如果说企业的管理制度等同于社会律法，那么企业文化就相当于社会道德观和信仰。企业文化作为一种新的管理理论中的一部分，20世纪80年代传入我国以来，各种企业文化模式不断创新，很多企业汲取我国传统文化中的优秀结晶进行企业文化建设。党建文化作为一种新模式，具有其他文化所没有的优点。建设优秀的企业文化必定要会吸收其他优秀文化的优点，兼收并蓄，形成良好的互补作用。

4. 上下齐心，推动党建文化发展

领导者在企业文化建设过程中必须以身作则，领导者作为企业文化的建

设者，必然在整个过程中肩负着极为重要的责任，对其的要求也必定会很高。领导者的一举一动都在影响着员工，只有领导者的形象是"正"的，才能在企业里形成一种正能量去激励员工树立正确的人生观和价值观，助力优秀企业文化的建设。领导者需以身作则、以上率下，推进企业文化建设。此外，企业文化必须得到员工的认同和支持。在建设过程中员工应当积极主动地参与，企业则通过培训、宣传等方式使企业文化得到员工的高度认同。员工是企业文化的主要受体之一，员工如果对企业文化有抵触情绪将阻碍企业的文化建设。因此，企业文化的良性发展离不开企业全体员工对企业文化的高度认同。

5. 完善制度，确保企业党建文化基业长青

企业管理包括企业文化和企业制度两个非常重要的组成部分，两者相互影响。企业文化和企业制度的关系具体表现在以下几个方面：一是企业文化与企业制度是互融互通的。好的企业文化可以使企业员工的沟通环境更好，员工之间的凝聚力更强，企业战略的执行也更为高效；企业制度的稳定使企业经营管理更为规范高效和稳定持续，企业的运营也更加稳定。二是两者"一体两面"，有形的制度中渗透着文化，无形的文化通过有形的制度载体得以表现。在现代企业管理中，企业文化和企业制度同等重要。企业制度和企业文化有各自的作用，无法代替对方，只有两者共同作用，才能促进企业有效健康发展。制度通常只是规定企业的大方向，不可能事无巨细全部涉及，而文化却可以在无形中约束人们的行为。企业文化的建设离不开企业制度的带动，企业要完善企业的各项规章制度，如科创制度、薪酬制度、岗位细则等。企业文化需要在企业发展过程中不断完善，利用制度实现企业文化的传承和保障。

### 本篇启发思考题

1. 如何理解"党建做实了就是生产力，做细了就是凝聚力"？
2. 民营企业抓党建的难点有哪些？
3. 红狮集团党建文化建设取得成功的关键在哪里？
4. 基于洋葱模型的红狮集团党建企业文化构建的作用机理是什么？

# 第四篇
# 小底盘，大制造：解读天昱"SCS"
# 耦合转型模式

 **公司简介**

  浙江天昱家具科技有限公司（以下简称天昱）是一家集研发、生产、销售多功能转椅底盘为一体的家具公司。公司最早由现任董事长的父亲黄老先生在 1997 年于浙江省温州市创立，以制造转椅底盘为主要业务，依靠温州当地娴熟的制造小型铁件的小作坊机械工艺，参考借鉴国外先进技术，从而生产出合格的转椅底盘技术，填补了国内转椅底盘市场并计划逐渐取缔进口底盘的市场。在经过两三年的行业经营适应后，天昱逐步走向正轨，同时决定以出口作为突破点，利用低廉的价格和可靠的质量保障逐渐赢得国外客户的订单，将内销转为出口，并根据客户需求生产出相应的转椅底盘。2004 年，天昱借招商引资机会将企业搬迁至安吉，中国最大的办公转椅市场，进一步扩大企业规模并逐渐将市场转移至国内。2018 年 6 月公司搬迁至塘浦工业园区，投资新厂房和新设备，集中于多功能转椅底盘的研发和生产，开拓出新的市场领域。

## 案例梗概

  本案例以浙江天昱家具科技有限公司为研究对象，通过对天昱底盘的研发生产销售路线进行深入研究，从背景研究、案例介绍、案例分析、总结与建议四个方面进行剖析，总结出了以"微笑曲线理论、产业集群理论、规模经济理论"为核心的天昱"SCS"耦合转型模式，系统地分析了该模式如何指导天昱高效地进行转型升级，实现更大的利益。天昱"SCS"耦合转型模式对天昱有较好的指导意义，由于天昱在研发、生产、产品品牌运作等各方面均有前瞻性，且符合当前制造业形势，对国内其他中小传统制造企业在一定程度上有着借鉴意义。

关键词：制造行业；转型升级；耦合转型模式；天昱底盘

## 案例全文

## 一、天昱"SCS"耦合转型模式

"SCS"耦合转型模式是由"天昱微笑曲线"（Smiling Curve）、天昱集群效益（Industrial Cluster）、天昱规模经济（Economies of Scale）耦合而成（见图4-1）。

图 4-1 天昱"SCS"耦合模式

1. 凝练"天昱微笑曲线"

中小制造企业在发展初期，受人力、资金、技术等方面的限制，往往从事简单的加工组装业务，依靠薄弱的组装获利。但在一个成熟的竞争市场中，这样的市场定位通常导致其无法超越成熟的大型企业获得竞争优势，只能在激烈的商业竞争中苟延残喘，因而转型升级就显得刻不容缓。天昱现阶段正处于转型升级的关键期，但与普通中小制造企业相同，其目前所面临的产品竞争力不够、技术创新能力不足、行业竞争激烈等问题都在严重阻碍着转型升级，而要攻克这些难题，关键还是要从企业自身的研发生产和销售等环节入手。根据微笑曲线理论，企业能否转变自身在微笑曲线上的附加位置，决定了企业能否成功转型，从而开拓出更广阔的市场、获得更大的利益提升空间。微笑曲线理论看上去虽较为简单，但在知识不断革新的当今，微笑曲线理论得到了长足的发展与补充，如何将微笑曲线理论与企业实际情况有效结合，则是我们接下来讨论的重点。

微笑曲线的传统路径：天昱作为中小制造企业，在成立初期尽管处于微笑曲线低附加值的生产制造环节，但仍坚持"质量求口碑"原则，严格要求生产、把控产品质量，若产品质量无法得到保障，往高附加值环节攀升便显得毫无意义。在掌控好产品质量后，天昱就开始往高附加值环节——研发设计和品牌服务提升。

微笑曲线的新路径：除上述措施以外，微笑曲线理论在发展创新过程中衍生出了一条全新的转型路径，即将低附加值区的生产制造环节直接提升到高附加值区。通过在生产制造端加大科技投入，实现生产制造端的高附加值。目前天昱在生产制造环节不断引进先进的生产设备实现自动化生产，摆脱传统制造业的加工组装低利润困境，实现生产线的自动化，提高生产效率。此外，天昱在研发方面持续投入，这也是一种对生产制造环节的技术投入。除此之外，依据微笑曲线的新路径，天昱接下来要做的是在制造工艺、产品性能、质量水平等方面继续加大科技投入、提升创新能力，以用户需求为中心加速技术创新、产品创新、管理创新及模式创新。

直接在生产制造环节进行转型升级这一新路径是国内大多数传统制造企业的选择，而向微笑曲线两端攀升的传统路径并不适用于所有的制造企业，这也是微笑曲线的局限性所在。微笑曲线提供的这一全新路径是迎合当下互联网、大数据、物联网等新技术的不断发展而提出的，缺乏技术的加持，生产制造环节就无法实现持续更新进步，并将影响到其他环节的转型升级。

"天昱微笑曲线"：我们将天昱的实际情况与微笑曲线相结合，凝练出了"天昱微笑曲线"。综上所述，天昱微笑曲线一共有三条路径，即向两端高附加值攀升和将生产制造环节提升到高附加值区（见图4-2）。"天昱微笑曲线"并不是一成不变的，而是动态的，是随着天昱的发展而不断变动的。"天昱微笑曲线"见证着天昱的成长，象征着天昱转型之路上的一个个脚印。"天昱微笑曲线"虽然具有强烈的天昱特色，但在一定程度上，"天昱微笑曲线"具有普适性，对于类似的传统的中小制造企业而言，有一定的借鉴意义和指导作用。

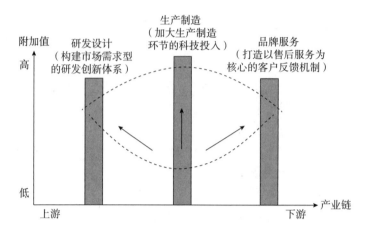

**图4-2 "天昱微笑曲线"**

资料来源：本文研究整理。

### 2. 探索"天昱集群效益"

2004年，天昱借招商引资的契机将企业从温州搬迁至安吉工业区，成为安吉椅业产业园区中的一员，对天昱而言，身处这样的环境中，既是挑战也是机遇，如何更好地有效利用产业集群优势又经得住竞争的压力，就显得尤为重要（见图4-3）。

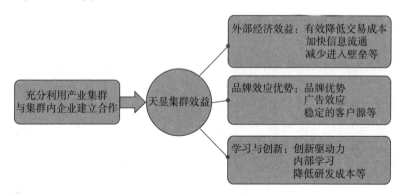

**图4-3 天昱集群效益**

资料来源：本文研究整理。

外部经济效益：在产业集群内，各企业利用地理接近性，通过合资、合作或建立联盟等方式很容易开展共同生产、销售等价值活动，而这就是产业集群的外部规模经济，它能从交易成本、产业壁垒等多个方面为集群内的企业提供便利，从而产生外部经济效益。天昱进入集群初期，应当首先对集群内相关转椅企业进行观察，从转椅生产链的临近位置与统一功能分别判断合作企业与竞争企业，以便于后期的战略定位。

运输费用、信息费用、寻找成本以及合约的谈判成本和执行成本等，是单个企业在进行生产和销售时必须负担的空间交易费用。这些费用的存在无疑增加了企业的经营销售成本，特别是对经营规模不大，生产率水平比较低下的中小企业来说，其产品在商品市场中基本失去了竞争优势。

但是，当像天昱这样的中小企业处于集群中时，首先，由于集群内信息的传播及交易的高频率，信息不确定性减少，从而使产业集群内企业交易的机会成本极低。以安吉椅业园区为例，商会活动的开展、及时的行业消息内部流通，使天昱在进行业务交易时相比集群外部企业更有优势。其次，产业集群组织结构具有生产能力的广泛分散和交易费用低的特点，在产业区域内，企业专业化程度非常高，而规模较小，且处于生产链的单一功能区上，必须相互配套组合才能成为市场上的最终产品，此时集群便提供了良好的交易机会，地理位置上邻近的优势、运输成本的降低、信息交换的便利，有效减小交易成本，大量的"中间交易"会因此在集群内部企业间出现。如天昱生产的多功能转椅底盘作为中间产品，虽有部分中高端转椅销售至墨西哥、土耳其等国外市场，但大部分还是在安吉椅业集群内部销售，或通过集群市场销售至广东等地，这得益于产业集群所产生的交易成本的降低。

由于整个产业专业化的提高形成了企业群外的产业壁垒，对集群外部其他企业而言，进入壁垒加大。天昱作为集群内的企业，在资源利用和研发技术方面能够享受集群所带来的优势，如先进机械设备的共享、最新研发技术的分享。

品牌效应优势：通常而言，一个品牌在市场上拥有一定的占有率后，随着其知名程度和赞美誉的不断提升，当企业以同一品牌推出新产品时，消费者往往会更容易接受新产品，就是品牌所产生的效应优势。对于天昱来说，安吉转椅就是其通过产业集群在市场上形成的一个重要区域品牌，相较于独立的小众企业品牌而言，区域品牌往往在市场上享有更好的赞美誉和占有率，而天昱作为安吉椅业园区内的一员，同样也享受着区域品牌效应所带来的优势。刚搬迁至安吉时，天昱虽存在着一定的进入壁垒，但其有效通过"安吉转椅"的区域品牌名声打开了销售市场，而随后更是依靠着这一品牌在市场上的良好口碑进入了广东市场甚至海外市场。在接下来的普通转椅底盘销售方面，天昱仍计划借用"安吉转椅"这一区域品牌打开市场，让更多的消费者接受新产品。

但如何使天昱在安吉转椅的区域品牌效应影响下逐步独立形成天昱底盘的企业品牌优势，不再仅靠产业集群的品牌，是天昱目前在转型升级过程中需要重点思考的问题，同时如何平衡把握产业集群的品牌优势与企业自身所形成的天昱品牌优势，也是天昱面临的另一个现实问题。基于此，调查团队在结合集群的品牌优势后，为天昱做出以下品牌发展的长效机制：首先，当产品形成品牌后，往往相较于其他品牌产品形成产品差别优势。天昱借助区域品牌优势打造的中高端转椅底盘，目前已与其他底盘产品形成了明显的差别，可进一步以质量保障与优良的服务态度形成的天昱品牌，逐渐在中高端转椅底盘市场上占据一定位置，并将此作为集群品牌分支之一。其次，在品牌较为成熟后，使安吉品牌与天昱品牌形成互相促进效应，如在宣传时，将天昱转椅品牌同样作为安吉转椅品牌的"心脏"进行推广，既能保障安吉转椅的质量优势，同时又能进一步扩大天昱品牌的影响力，从而帮助天昱品牌打开更广阔的市场，使两者在宣传时相辅相成，达到宣传效应最大化。

促进企业的学习与创新：在产业集群内，高度专业化技能和知识、机构、竞争者、相关企业及老客户在地理上的集中，能产生较强的知识与信息累积效应，为企业提供实现创新的重要来源以及所需的物质基础；同时，大量同行业企业集聚一地使企业之间的竞争压力表面化，迫使企业利用这些优越条件积极参与创新活动，以获得市场竞争力，更快、更好地满足客户的需求。这在加强企业持续创新能力方面起着关键作用。在这一方面，安吉转椅园区组织定期的交流会进行分享，但效果不理想。相反，天昱未受此影响，反而是据其所需不断进行学习，同时集群内的竞争也帮助它不断开展内部理论学习。

激烈变动的外部环境对企业的研究开发提出了以下几点基本要求：不断缩短开发时间、降低研究开发成本、分散研究开发风险。对任何一个企业来说，研究开发一项新产品、新技术常常要受到自身能力、信息不完全等因素的制约，需要付出很高的代价，而且随着技术的日益复杂化，开发的成本也越来越高。这些因素决定了新产品、新技术的研究和开发需要很大的投入，具有很高的风险。在这种情况下，企业自然要从技术自给转向技术合作，通过建立战略联盟、扩大信息传递的密度与速度以避免单个企业在研究开发中的盲目性和孤军作战引起的全社会范围内的重复劳动和资源浪费，从而降低风险。在这一方面，目前天昱还有待提高，尤其是在引进自动化技术时，还是以自主尝试为主，不仅成本较高，风险也较高，在一定程度上延缓了企业与产品转型升级的进度，故建议天昱在之后形成一套相对较为完善的研发学习模式或机制，在先进技术和理论的研究与应用分享上进一步规划，从而更好地利用集群在创新学习方面所带来的优势。

天昱集群效益：从以上三个角度出发不难发现，天昱处于安吉椅业园区内，对于其自身的发展有很大的推动作用，主要表现在其最初依靠安吉椅业的品牌效应打开转椅底盘市场，随后在生产销售过程中与园区内其他企业建立良好的合作关系，节约了空间交易成本，降低了产品单位成本，此外，在整个企业经营过程中，集群有效地推动了天昱的创新学习。但在某种程度上，安吉椅业园区作为集群，目前处于相对较为稳定的状态但仍有升级的空间，而作为中小型制造业的天昱，也需要更全面地客观利用集群优势，尤其是在转型升级过程中，集群内的其他企业虽有很大的借鉴意义，但同样存在竞争，如何更好地平衡这两者间的关系对天昱而言仍将是个难题。同时，制造业实业的集群现象目前在我国较为突出，国家相关政策也对此有一定的倾向，天昱作为典型的中小制造企业，需在转型升级过程中进一步理解落实政策，从而在推动自身企业发展的同时也为集群的升级做出贡献。

3. 诠释"天昱规模经济"

天昱在 2018 年 6 月进行了厂房搬迁，厂房面积从 4000 平方米变成了 20000 平方米，同时引进了自动化生产设备，开始走上自动化道路。通过分析天昱近几年的边际成本和平均成本变化，可以发现这两种成本的变化和图 4-4 中的左段曲线相吻合，说明天昱在这几年一直在向最佳经济规模前进。规模经济效应使天昱效率提高、平均成本降低，同时还帮助天昱在产品定位上做出了突破，扩大了企业的营业范围。

提高效率：规模经济可以给企业带来的主要优势就是有效的劳动分工和生产专业化，有效的劳动分工可以让企业各个部门各司其职，使整个企业更有效率地运行；而生产专业化则可以让工人专注于自己的工作，不断打磨、改进工作技能，提高工作效率。两者联合不仅可以帮助企业提高生产效率，也可以帮助企业提高运营效率。

通过有效的劳动分工，天昱可以减少财务开支并且避免时间精力的浪费。以天昱的采购部门为例，目前采购部门只负责采购工作，他们的目标就是用最小的成本获得最多的原材料，在这个目标的指导下，专门负责采购的人员

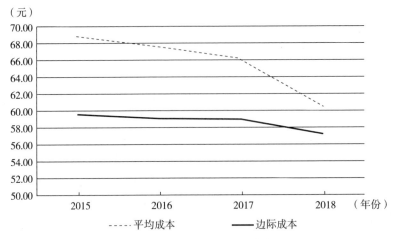

图 4-4　平均成本与边际成本

资料来源：本文调研计算所得。

在前期花时间和精力对原材料采购市场进行充分的了解和调查。有了充分了解后，采购人员在正式进行采购的过程中就可以减少开支，在后期的采购中也可以不必再重新花时间和精力去了解各个供应商的情况。

天昱采用纵向发展的方式来扩大规模达到规模经济效益。天昱在近两年加大投资购置自动化生产设备，并迁至新厂房，这些举措都是从"量"的方面提高企业总产量，而提高劳动生产率则是从"速度"方面提高企业总产量，两者相辅相成才能有效提升产量。天昱在规模扩大后，并没有大幅度增加工人的数量，而是选择了自动化生产。如图 4-5 所示，天昱从 2015 年开始陆续购置自动化设备，2017 年购置自动化设备的支出是 2016 年的 6 倍，截至 2018 年 8 月，天昱当年在自动化设备的购置上支出了 300 多万元。如图 4-6 所示，对比天昱 2014~2018 年的投入产出比可以发现，从 2017 年开始，天昱的投入产出比有了明显下降，2016 年之前的投入

天昱 2016 年以前的产出比在 0.9 上下浮动，到 2017 年则下降到 0.88，而 2018 年 1~8 月的投入产出比为 0.85。可见在大量装备自动化设备后，天昱从之前以人工生产为主的方式逐渐改为以机械自动化生产为主的方式，在设备的辅助下，工人之间形成生产中的有效劳动分工，提高劳动生产的专业化，大大提高，工人的操作熟练度，从而提高了生产效率。同时，大规模的生产可以让天昱走向自动化生产的道路，人力资源成本的降低进一步提高了生产的专业化。

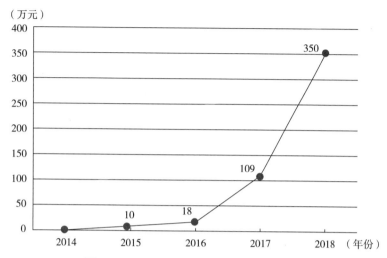

**图 4-5　2014~2018 年自动化设备采购支出**

资料来源：本文调研计算所得。

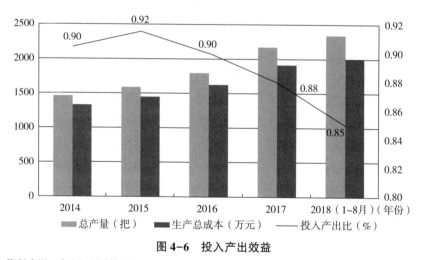

■总产量（把）　　■生产总成本（万元）　　——投入产出比（%）

**图 4-6　投入产出效益**

资料来源：本文调研计算所得。

降低平均成本：企业内部规模经济的核心在于企业达到某个临界点之前，平均成本会随着产量的增加而降低。从天昱 2014~2018 年的平均成本折线图可以发现，天昱的平均成本 2014~2016 年在 68 元上下波动，2017 年下降到 66 元左右，2018 年则发生了显著下降，从 65.99 元下降到了 60.39 元（见图 4-7），可见在规模扩大后，天昱的确是享受到了规模经济效益。平均成本的下降一方面来自于生产效率的提高，另一方面则来自于产品单位成本的下降。

产品的成本又可以分为可变成本和固定成本。

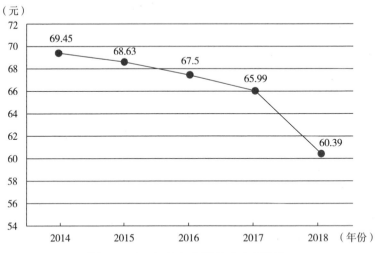

图 4-7　2014～2018 年平均成本折线图

资料来源：本文调研计算所得。

在可变成本方面，最重要的一部分是原材料成本，原材料作为一种生产资料，在规模经济带来的生产资料的集中效应下，会在一定程度上降低获得这些生产资料的成本。天昱在规模扩大、产量增加时，生产所需的原材料也会增加，大量的原材料会集中到天昱。相较其他大型的企业，类似浙江天昱家具科技有限公司这样规模较小的企业对于供应商的议价能力是比较弱的，因此原材料成本会较高。但是当天昱的规模逐渐扩大，原材料采购量上升后，天昱相对于原材料供应商的议价能力也会有所上升，从而降低原材料的购买成本，降低产品的可变成本。

产品的固定成本主要是企业的房租、设备的折旧等固定费用的分摊，以房租为例，对于企业来说，在房租不变的情况下，如果产品的产量增加，每单位分摊的固定成本自然会下降。天昱扩大规模的措施之一就是搬迁厂房、扩大厂房规模，从原来的 4000 多平方米扩大到 20000 多平方米，房租成本大幅度增加。因此如果生产效率得不到提高，产量上升的幅度赶不上房租上升的幅度，大规模的扩大反而会增加每单位产品分摊的固定成本。所以规模经济给天昱带来的生产效率的提高是降低单位产品固定成本的必要条件。

突破产品定位：搬迁新厂房，引进自动化设备，给天昱带来的不仅是规模上的扩张，还有产品定位上的突破。之前的老厂房，由于规模较小，为了让企业维持一定的利润额，天昱放弃了生产普通产品，因为普通产品主要以量取胜，而老厂房的生产力无法满足在普通产品市场立足所需要的产量。普通产品的单位利润并不高，但是市场需求量很大，在产量足够的前提下也可以形成可观的利润额。对于中高端产品来说，尽管单位利润高，但市场需求有限，天昱在中高端产品上无法进一步获得较大的利润。在进行规模扩张和自动化设备引进后，天昱在维持原有的中高端产品定位的基础上，增加了普通产品的自动化生产线，在产量有保证的前提下，普通产品给天昱同样带来丰厚的利润。

天昱通过规模经济扩大自己的营业范围，改变企业的经营战略，突破原有的中高端产品定位，在普通产品市场有一席之地。如图4-8所示，从2016~2018年的产品销售额可以看到，天昱从2018年开始涉足普通产品，尽管在1~8月，普通产品的销售额相比于中高端产品还是有一段差距，但是由于规模经济带来的单位成本的下降，天昱在进入普通产品市场时有更大的价格优势。同时，中高端产品的单位成本下降，对天昱在中高端市场的进一步发展也有极大的帮助。

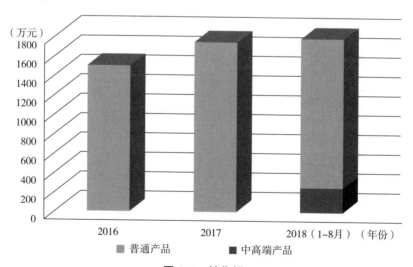

图4-8　销售额

资料来源：本文调研计算所得。

形成规模经济：天昱通过扩大生产规模和增加自动化生产设备逐步达到最佳生产规模，规模经济效应带来的有效劳动分工和生产专业化提高了天昱的运作效率和生产效率，从而实现转型升级。规模经济降低了天昱获得生产资料的成本，而生产效率的提高和生产规模的扩大则帮助天昱降低了分摊到每单位产品上的固定成本。规模经济不仅给天昱带来短期利益，还提升了天昱的市场地位，对天昱的长期发展起到了促进作用。

综上所述，天昱通过自动化设备的引进使企业逐步达到最佳生产规模，在这个过程中，自动化和规模经济效应给企业带来了一连串的连锁优势，如效率的提高、平均成本的降低以及产品定位的变化，帮助天昱在转型升级中迈出了一大步（见图4-9）。

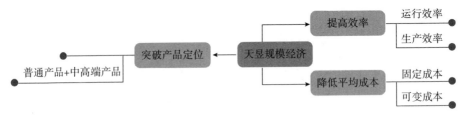

图4-9　天昱规模经济

资料来源：本文调研计算所得。

## 二、天昱"SCS"耦合关系及运作机理

1. 天昱"SCS"耦合关系分析

首先，对于天昱来说，其核心产品是转椅底盘。一个底盘，从研发孕育出雏形，到投入生产要素生产，经由销售渠道到下游转椅组装企业，再到提供底盘售后服务，完善品牌建设，这是一个产品的生命周期。这样的产品生命链（研发—生产—销售—售后及品牌建设）看似普通，但对于天昱来说是最基础和核心的，所以也是天昱发展升级的首要目标。

对中小型企业而言，衡量企业是否转型升级成功的标准之一就在于企业的产品附加值是否得到提升，而微笑曲线理论的最终评判标准也是产品附加值。两者目标的统一就意味着在企业的转型过程中，微笑曲线理论扮演着目标导向的指导角色，指导企业的发展方向。

其次，真正实现转型升级就需要企业从内外部两个角度思考。从企业外部的产业集群出发提升外部优势，同时结合企业内部的规模经济理论提高企业的内部效益，两者相互作用，更好地实现微笑曲线指引的上、中、下游多角度的产品附加值提升。

如图4-10所示，"SCS"耦合转型模式是由"天昱微笑曲线"（Smiling Curve，S）、天昱集群效应（Industrial Cluster，C）、天昱规模经济（Economies of Scale，S）三者耦合而成的转型升级模式，并作用于产品生命链各环节中，力争促进中小型企业的成功转型升级。

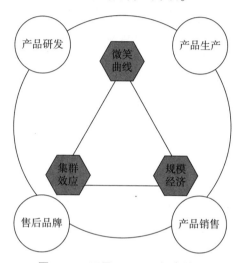

**图4-10 天昱"SCS"耦合关系**

资料来源：本文研究整理。

2. 天昱"SCS"耦合运作机理

微笑曲线作为指导方针，它的传统路径与新路径阐释了产品可以提升附加值的方向，分别是上游对应研发，中游对应生产，下游对应销售、售后及品牌建设。那么，集群和规模经济如何在研发—生产—销售—售后及品牌建设具体作用，提升产品附加值？下面依次讲述：

（1）集群效应提升研发能力。天昱在过去几年的研发投入逐年攀升，这展现了它正往微笑曲线引导的方向努力，而这不仅是企业独立研发的结果，也是集群带来的效应。

天昱独立研发，对于企业核心的底盘研发技术形成了很好的保护，能够有效地提高企业的研究开发能力、技术水平以及企业人员的研发、管理、学习能力，其成果具有内部实用性，可以快速、顺利实现转化，增强企业的核心能力优势。

但是，中小型企业独立研发也有很多的劣势。独立研发投资成本高，投资回收期长，沉没成本高，面临的不确定性更大，失败的风险大，研发成果具有外部性，对企业的人员素质、管理水平等要求高。另外，随着新技术复杂性的提高和不同，技术领域之间的交叉融合，一个企业，无论规模多大，技术能力多强，也不可能具备所需的各个领域的技术能力。因此合作研发是重要的发展途径，合作研发对技术升级促进可能有如下方面：

1）创新成本的降低。通过与企业、科研机构等的合作能够使企业获取外部资源、技术知识，克服自身研发经费短缺和技术不足，降低单独研发的巨额成本，并大幅降低研发中的创新风险。

2）创新资源的互补效应。合作能够实现企业资源的有效整合以及技术、知识和管理等多方面优势的互补，实现专业化与规模经济。

3）技术溢出效应。在缺乏知识产权保护的情况下，创新成果的公共产品属性和外溢效应可能削弱企业从事创新活动的激励，合作研发能实现知识和技术溢出内部化，使合作者愿意分享技术和创新投资。

4）捕捉市场动态，加快技术升级和市场化进程。合作研发能够快速捕捉企业的技术、管理和产品动态等信息，接触市场前沿，这些信息对企业研发、技术升级和市场化等均有促进效应。

在安吉，转椅市场集合了众多企业，如上游的部件生产企业以及下游的组装企业，此外，安吉还有众多其他绿色产业。产业集群为天昱和其他企业提供了相互学习和交流的机会，这在一定程度上会推进企业的研发创新（见图4-11）。

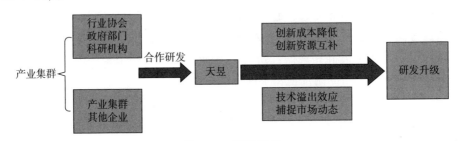

**图4-11  研发升级**

资料来源：本文研究整理。

（2）集群效应协同规模经济助力生产。宏观上的规模经济可以分为内部规模经济和外部规模经济。内部规模经济是微观层面的，也是本案例主要讨论的，主要是指企业内部随着生产要素投入的不断扩大而导致单位产品成本下降；外部规模经济则是指当整个产业的产量（因企业数量的增加）扩大时，该行业各个企业的平均生产成本下降，而这便是集群效应带来的优势（见图4-12）。

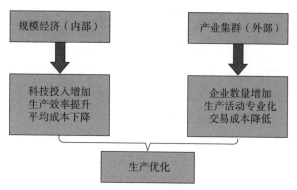

**图4-12 生产优化流程**

资料来源：本文研究整理。

对企业的内部规模经济来说，近几年来的劳动力成本上升引发了设备革命，人工成本的迅速上升使得浙江制造的低成本优势已经难以为继。然而，要想从劳动力优势转向技术优势，从资本、人才等要素看仍需一定的积累期，而用机器替代人工正是当前中小企业易学易用、见效较快的升级捷径。天昱初期主要依靠人工进行模具冲压等繁复、机械、危险的工作，近些年通过厂房扩张，不断引进自动化设备，一方面解放劳动力，另一方面也化解了用工难、用工贵的问题，由此提高了生产效率、降低了生产成本。

对于外部的规模经济来说，产业集群发挥了重大作用。安吉作为中国转椅之乡，不管是最初的招商引资，还是后来的安吉品牌优势，为安吉吸引了众多企业。由此形成的产业集群，可以有效弥补单个企业自身在生产要素及其组合方式中的不足，因为企业可以通过"搭便车"来共享外部资源，这样可以进一步节省企业的成本，其途径有几方面：一是集群内部大型固定资产的共享使用；二是企业地理的空间聚集；三是中小企业集群内公共品的互补供给；四是中小企共享交易渠道。

集群效应使得在一个集群内，单个企业生产活动专业化，多个企业分工协作，形成地方生产系统，通过企业之间的分工与协作使企业成本进一步降低。

（3）集群效应助力销售。天昱身处浙江安吉转椅市场，但未能充分利用安吉的现有的产业集群优势，天昱本身存在许多改进之处。

首先，在产品销售方面，专业市场的发展可以为集群内的企业提供产品市场销售平台，当安吉转椅市场形成完善的生产销售供需链后，客户便会慢慢形成区域品牌的认知，提高市场渗透能力。在未来，天昱可以结合运用互联网的平台宣传为自身打造品牌认知，弥补现有的缺陷。

其次，集群为天昱提供了物流服务平台，安吉现有的物流业务领域涉及整车物流中、零部件物流、口岸物流、航运物流等，为安吉集群内的企业提供了交易运输的保障，如果天昱能够加强与相关物流服务业合作，或者与集群内的企业合作，可以在一定程度上节约运输成本。

最后，集群搭建的信息交流平台可以为天昱减少交易成本，天昱可以更容易获取市场前端对产品的需求信息，节约时间和不必要的人力支出等。

（4）集群效应推动服务和品牌建设。天昱切实保障产品售后服务，及时追踪客户满意度。未来，企业可以考虑利用互联网开展远程运维等信息服务，实现制造服务化转型。例如，天昱可以通过互联网开展转椅底盘的远程运维，这样不仅能提高产品附加值，还可以完善客户反馈机制，加强客户满意度的测评，及时对产品做出调整。这一方面完善了企业的服务，另一方面也有利于企业的品牌建设。因为对于天昱来说，它需要通过把控产品质量、创新，以及售后服务来提升自身品牌的建设。

在品牌经济时代，除产品和服务以外，品牌成为重要的竞争因素，品牌角逐正在全方位展开，一些处于品牌劣势的企业将被市场淘汰，而品牌建设除了依靠企业自身提升，也可以借助区域品牌。

对于天昱来说，安吉转椅就是目前通过产业集群在市场上形成的一个区域品牌。但安吉转椅市场目前仍存在品牌建设的诸多问题：多数企业对品牌作用和创牌意义认识较浅，没有投入足够的资源来制定和实施品牌战略，企业基本上依赖贴牌加工，产品附加值低。

区域品牌利益相关者包括但不限于集群企业、区域政府、行业协会以及沿着产业链的产业服务企业与机构、区域公众、投资者、消费者等。区域品牌利益相关者的参与在区域品牌化发展中具有关键作用，能够有效提升区域品牌价值和区域品牌化绩效，进而有益于自身的发展（见图4-13）。

比如集群企业与产业服务企业间的合作：会展企业与集群企业间具有典型的纵向合作关系特征。对于集群企业而言，首先展览会是企业开展营销活动的重要平台，服务于企业品牌传达与营销。其次展览会展示、交流、交易

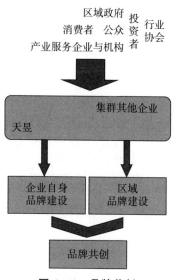

**图 4-13　品牌共创**

资料来源：本文研究整理。

等基本功能帮助集群企业沿着产业链加强在产品供应、技术创新以及整合营销等方面的协同发展。这种协同促进展会持续关注各方价值追求，使参展的终端顾客真正参与到服务与价值共创过程中，并在协同发展过程中促进这些产品被有效体验和感知，最终促成展会品牌和区域品牌价值的提升。

与此同时，政府需要落实鼓励自主创新的各项政策，大力营造有利于知名品牌发展的市场环境。应当制定鼓励自主创新的政策体系，在信贷、税收、资源配置等方面给予强有力的支持，使致力于自主创新的企业在经济利益上能够得到更多的实惠和发展空间。加快实施知识产权战略，规范市场行为，保护和培育知名的市场品牌，加大对侵犯知识产权行为的打击力度。

## 资料来源

［1］张合伟，段国林．基于微笑曲线理论视角下的工业 4.0［J］．制造技术与机床，2016（9）：21-23.

［2］李佳霖．一把椅子撑起"安吉制造"［N］．经济日报，2018-05-09.

［3］孙德升，刘峰，陈志．中国制造业转型升级与新微笑曲线理论［J］．科技进步与对策，2017，34（15）：6-49.

［4］郝延伟．全球价值链视角下我国产业集群的转型升级研究［J］．学

术论坛，2016，39（5）：49-53.

[5] 陈军，侯飞，孙曼林.中小企业集群模块化组织构建与转型升级路径研究 [J].哈尔滨商业大学学报（社会科学版），2016（1）：63-71.

[6] 姜秀英.我国企业规模经济现状及实现途径 [J].现代经济信息，2016（23）：116.

[7] 郭朝先，王宏霞.中国制造发展与"中国制造2025规划" [J].经济研究参考，2015（31）：3-13.

[8] 黄群慧，贺俊.中国制造业的核心能力、功能定位与发展战略——兼评《中国制造2025》[J].中国工业经济，2015（6）：5-17.

[9] 徐斌.规模经济、范围经济与企业一体化选择——基于新古典经济学的解释 [J].云南财经大学学报，2010（2）：73-79.

[10] 周济.智能制造——"中国制造2025"的主攻方向 [J].中国机械工程，2015，26（17）：2273-2284.

[11] 原毅军，孙大明.合作研发影响制造业技术升级的机理及实证研究 [J].经济学家，2017（8）：49-55.

 **经验借鉴**

本案例中的天昱作为一家专门生产多功能转椅底盘的民营企业，是典型的中小型制造企业，且目前正处于发展提升的关键时期。就其盈利模式而言，最初其生产的产品类型单一，且主要依靠生产环节盈利，根本无法形成具有高附加值的产业链，但目前正逐步通过自主研发和服务品牌运作来探求转型路径，这一转变具有重要意义。天昱转型升级主要经验：①融合微笑曲线、集群效应、规模经济理论，构建天昱"SCS"耦合模式。通过深入分析产品的研发—生产—销售—售后及品牌建设的生命链，调查团队融合微笑曲线、集群效应、规模经济理论，探讨各个环节中所运用的理论实践，构建的天昱"SCS"耦合模式不仅明确地诠释了天昱的转型路径，同时也解决了其在各个环节所遇到的问题。②为中小企业转型升级提供借鉴。天昱"SCS"转型模式为中小型制造企业转型提供借鉴，中小型企业可以借鉴进行竞争策略做组合演化。基本策略主要有三方面：力争上游、研发创新，实施自主知识产权策略；守住中游、蓄势待发，实施比较优势策略；拓展下游、营销创新、实施自主品牌策略。企业在定位策略的时候，应该结合自身情况单独或者组合使用基本策略，其关键在于因势利导、因地制宜，既尊重市场规律，又发挥主观能动性。需要强调的是自主知识产权策略和自主品牌是两个理想的"微笑策略"，可以获得"产品差异型竞争优势"。③"集群效应"和"规模经济"是中小型企业可以创造和利用的规模优势。制造业往往对资源的需求极大，而资源是有限的，如果企业能够创造新的集群或者寻找已有的集群，便能充分利用区域产业优势，提高生产效率、降低成本，同时实现企业之间协作和产业创新。

## 本篇启发思考题

1. 中小制造企业转型升级的动因是什么？
2. 微笑曲线的传统路径与新路径的异同点有哪些？
3. 微笑曲线理论对转型升级有哪些指导意义？
4. 转型升级中集群效应的作用？
5. 天昱"SCS"耦合模式对转型升级有何借鉴？

# 第五篇
## 传统制造业新出路：
## 企业文化与价值链双轮驱动

 **公司简介**

浙江路联装饰材料有限公司（以下简称浙江路联）于 2005 年注册，2009 年正式成立，前身为杭州路联皮革有限公司。这是一家专业生产 PVC 人造革，集研发、生产、销售、贸易、自营进出口于一体的综合性企业。公司现位于安吉县塘浦经济开发区，厂房面积 7618 平方米，新增建筑面积 38622 平方米。公司引进了台湾地区的设备生产线，新增发泡机、表处机、压纹机等国产设备 168 台（套）；现已具备年产 6000 万平方米 PVC 装饰材料的能力。浙江路联拥有先进的管理方式和现代化的信息网络，集合了各地区最新时尚资讯，产品有 1280 多个花型，目前产品开发达到 100 多万个品种。浙江路联的皮革产品以手感柔软、纹路新颖、时尚环保等优点迅速占有市场，得到用户的赞誉，产品广泛运用于拉杆箱、休闲包、服装、手袋、皮夹、坐垫、沙发、鞋面、移门、衣柜、酒柜、汽车革、健身器材，游艇船只、动车方面等领域，远销美国、法国、意大利、西班牙、韩国、东南亚、欧洲、非洲、中国香港、中国台湾等国家和地区。浙江路联在进行自主研发新产品的同时，吸纳下游供货商的意见，根据人造革的特性制定了定制化的经营策略，跟随当今定制化的时代潮流，为家装市场以及箱包市场等提供外观时尚、品质卓越的人造革，并凭借这一系列的经营操作不断壮大自身，在转型升级的过程中靠产品品质、靠企业口碑、靠提升服务走在了行业前列。

## 案例梗概

在制造业低迷和互联网体验式消费趋势的环境下，传统制造业面临可持续发展的机遇和挑战。浙江路联作为一家 PVC 皮革制造企业，属于传统制造业。该行业目前受互联网经济影响，发展低迷，行业内市场竞争激烈。面对困境，公司通过加强企业文化建设和价值链优化，突破了发展瓶颈，探索出传统制造业的新出路。本案例以浙江路联为研究对象，运用企业文化和价值链理论进行深入挖掘，探索"1+2+4"企业文化，构建了"4+0"价值链，并运用协同理论分析企业文化与价值链双轮驱动。本案例的研究为传统制造业价值链优化和企业文化的塑造提供一定的借鉴。

**关键词**：浙江路联；"4+0"价值链模式；企业文化

## 案例全文

# 一、浙江路联发展现状分析

1. 浙江路联企业文化现状

（1）"1+2+4"企业文化。浙江路联特有的"1+2+4"企业文化，是员工行动的最终目标和前进过程中的行为准则。"1+2+4"企业文化中的各个数字，都有其代表含义："1"代表企业的一个使命，即"成为中国皮革行业的引航者"，走出国门，远销海外市场；"2"代表两大愿景：对外"为中国经济贡献强大力量"，对内"为企业员工创造更多财富"，履行企业对于中国经济发展的社会责任；"4"代表的是企业的四大价值观"以人为本""诚实守信""团队协助""积极进取"（见图 5-1）。

（2）创始人自主补缺模式。浙江路联的创始人多为工人、企业基层出身，受时代条件限制，获得良好的教育机会较少，学历水平普遍不高。尽管如此，他们却未将自己禁锢于原地，反而更加渴望获取新的知识，且更愿意将学到的知识付诸行动。除了开展理论学习外，他们还不断付诸实践，通过在企业基层岗位上不断锤炼自己，从而拥有极强的市场敏锐感、精湛的生产手艺以及广泛的人脉。在时代快速变化、科技不断发展的今天，浙江路联的高管积极参与国内外的展会，以此开拓自身视野、把握时代潮流。其创始人团队将

**图 5-1 浙江路联"1+2+4"企业文化**

资料来源：浙江路联。

终身学习的态度作为加强商业合作、提高员工认同感和减少沟通成本的重要武器。

（3）"快、准、狠"经营理念。如图5-2所示，浙江路联坚持"快、准、狠"三字方针，对于整个皮革市场有着敏锐的洞察能力，在产品研发、市场占有、产品销售方面领先于竞争者。浙江路联通过每年展会上提前掌握这一年的流行色系、产品风格，力求最快最好地生产适合市场的产品；在创立初期，采取零融资、零贷款的保守策略，力求稳当，其对于账款的回收期多是在30日之内，这样严格的要求保证了公司的现金流，避免出现较多坏账。

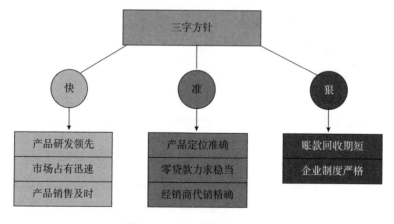

**图 5-2 浙江路联三字方针**

资料来源：本文研究整理。

（4）人文关怀与素养提升文化熏陶。浙江路联员工大多来自河南、湖南、云南、贵州、安徽，他们的文化水平普遍不高。为此，浙江路联经常召开员工培训学习会、员工动员会、员工消防安全演习等，提高员工素质，保障员工生命财产安全，提升员工幸福感。浙江路联在公司的电梯间、廊道里也会设置一些励志标语，丰富员工的精神世界，提升员工的个人素养和幸福感。

2. 浙江路联价值链现状

如图5-3所示，作为一个传统制造型企业，浙江路联原先采用该行业典型的价值链模式，即"产品设计—原料采购—仓储运输—订单处理—批发经营—零售"的价值链（又称"6+1"价值链，即以上六个环节加上一个低端产品制造），进行企业日常的生产与销售。然而，随着现代信息技术与制造业的逐步融合，一场新的"工业革命"席卷而来。在要素低成本优势不断弱化情况下，产业转型升级也面临阻碍，这对传统制造型企业无疑是一个巨大的挑战。然而，传统实业制造型企业自身存在的一些限制，盲目做电子商务不可取，在这种条件下，许多该类型的企业由于无法适应大环境的变化而被市场淘汰。显然，原有的价值链模式已无法适应新环境的变化。

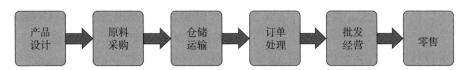

**图5-3　浙江路联原价值链模式**

资料来源：本文研究整理。

为了适应大环境的变化，并完成产业的转型升级，传统制造型企业对原价值链模式的优化迫在眉睫。因此，浙江路联对自身原有的价值链存在的一系列问题进行了全面的分析，并针对这些问题进行价值链的优化升级。本文通过分析浙江路联原先的价值链，并结合如今的市场现状，得出浙江路联原价值链模式存在的一些问题：

产品设计：市场存在大量的同质产品。在行业创新能力不足的情况下，大量的同类型产品会导致浙江路联在该行业中的市场占有率下降。顾客无法辨别真正优质的产品。

原料采购：产能过剩，用工成本高。近年来，企业的用工成本上涨，而主要产品的生产能力利用率却不足，导致订单利润下滑，长此以往将对企业的经营造成威胁。

仓储运输：应市场消极反馈，库存率居高不下，而较高的库存成本既影响资金运转，同时也是对资源的一种浪费。

批发经营和零售：层层叠叠的渠道令中间商赚取高额差价，渠道成本转移至终端顾客，最终影响销售。零售的营销费用较高，效果还往往不尽如人意。

3. 企业发展困境

（1）传统制造行业整体低迷。互联网时代的到来，掀起了"互联网+"经济的热潮，同时在"供给侧结构性改革"的大背景下，一方面以互联网为代表的新型产业炙手可热，另一方面传统制造业的生存与发展举步维艰。虽然在发展初期，为了加快社会主义市场经济建设，改善人民的生活状况，我国大力发展制造业，并努力与世界先进国家接轨，但不可否认的是，在此热潮下，传统制造行业整体发展受限。

浙江路联作为传统制造企业，同样受到了"互联网+"经济浪潮的影响。浙江路联是一个劳动密集型企业，曾以廉价的劳动力带来的低廉生产成本作为主要的竞争优势。但近年来，制革行业的人才普遍稀缺，公司职工的文化水平普遍较低，只能承担简单重复的生产活动，而在技术创新等领域几乎存在空白。企业技术人才培养不足，技术无法更新，对外招聘高层次人才也困难重重。招工难、留住人才难的困境对企业的经营提出新的挑战。

由此可见，传统制造业企业在当今互联网高速发展的社会现状下面临许多问题，亟须转型升级。浙江路联曾试图加入"互联网+"阵营中，然而互联网运营成本高，带来的效益却不大。浙江路联在权衡利弊之下，最终选择了放弃，决定另寻出路。

（2）企业原价值链效益较低。在当前的经济大环境下，浙江路联原先的价值链存在产品同质化、产能过剩、用工成本高、库存率居高不下等问题，导致企业整体的利润较低，企业发展举步维艰。

4. 解决思路

（1）加强企业文化建设。浙江路联的创始人自身要求除了对不断学习理论新知识外，对员工也不断进行文化熏陶。公司划出一笔固定支出用于企业文化建设，定期为员工举办培训学习活动、安全与健康讲座等，公司的文化宣传窗、电梯、走廊、茶水间、休息室等，随处可见各种励志标语，用文化的力量渲染员工，提高凝聚力，强化企业核心战斗力，从而加强企业竞争力。同时，对于高层次人才，企业开出一定的优待条件，高层人员礼贤下士，利用文化软实力与人文关怀来吸引并留住人才。

（2）优化价值链模式。与传统的价值链模式相适应的是电力生产时代与电子信息化时代，而在当今实体与网络相结合的时代背景下，传统的价值链模式问题不断显现，显然已不适用。因此，浙江路联需针对传统的价值链所存在的一些弊端，结合时代条件，对其进行适当的调整与优化，以适应不同的经济环境需要。从对原价值链模式的痛点分析可知，产品单一、产能过剩以及库存成本过高等都是该模式所存在的需重点解决的问题，而浙江路联对价值链的优化，也应从以下方面入手：

1）产品设计。增强产品的创新性，提高产品多元化，重点是让所设计制造的产品更能适应不断变化的市场需求。

2）原料采购。有效降低采购成本，提高毛利率。

3）仓储运输。采取措施减少库存，或者直接取消成品仓库，最大程度降低库存成本。

4）订单处理。合理处理订单，提高产品定位的精准性，有所影响并改善价值链中产品设计、库存等其他方面的问题。

（3）"保大弃小"：放弃门店销售，采用经销商销售模式。浙江路联的产品主要用于三星级及以上酒店的装修，还可销售至后期开拓的家装市场。销售基本以内销和外贸相结合。浙江路联直面的是经销商而不是消费者，因此运作成本和管理成本大幅降低，在广告、网络销售等方面的支出减少。

浙江路联在成品销售方面可实施"保大弃小"策略，即放弃实体门店销售，采用经销商销售模式，按区域分管销售人员，进行全国市场的成品销售。

## 二、基于协同理论的企业文化与价值链双轮驱动

协同理论是由德国哈肯教授于 1971 年首次提出的。协同理论认为，千差万别的系统，尽管其属性不同，但在整个环境中，各个系统间存在着相互影响而又相互合作的关系。例如，不同组织间的协作与配合、部门间的关系协调处理以及企业间的相互竞争等。各个系统在整体系统中相互合作与协调，最终达成"1+1>2"的协同效应（见图 5-4）。

1. 协同理论视角的双轮驱动

（1）企业文化协同研究。企业文化是指企业为了生存和发展需要而适应和改变企业环境，经过选择、提炼、尝试、教育、推广而自觉或不自觉形成一家企业独特的价值观，以及受这些价值观决定的企业行为或精神文明。企

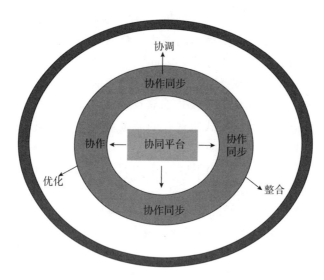

**图 5-4　协同理论模型**

资料来源：根据哈肯教授协同理论整理。

业文化影响着企业的运营与盈利。企业通过文化协同的打造与优化，实现员工认同感与企业文化内涵的统一。

（2）价值链协同策略研究。企业价值链是以企业内部价值活动为核心所形成的价值链体系，是企业内部为顾客创造价值的核心。通过对传统价值链中主要环节的智能优化，达到对整条有机关联的"作业链"的协同优化。

（3）企业文化与价值链双轮驱动目标。企业文化建设增强了企业的凝聚力，价值链优化增强了企业的竞争力。企业文化建设和价值链优化的协同效应，将驱动浙江路联更快更好地完成企业的三年计划，实现三年内盈利 4.5 个亿元的发展目标，并在"互联网+"的经济浪潮下，实现企业的新发展，有效促进企业目标的实现。

（4）双轮驱动的协同效应。协同效应是指由于协同作用而产生的结果，是系统有序结构形成的内驱力。这种协同作用能使企业系统在临界点发生质变产生协同效应，使无序变为有序，从混沌中产生稳定结构。协同效应提升了企业内部的凝聚力，实现了企业目标与员工期望的统一，促进了企业策略与战略环境的融合，有效增强了企业的竞争力。

2. 浙江路联双轮驱动下的协同应用

浙江路联的企业文化与价值链的双轮驱动模式正如哈肯教授所述："我们

现在好像在大山脚下从不同的两边挖一条隧道，把'软'科学和'硬'科学分隔开。"企业将企业文化的"软"件协同集研发、生产、销售、贸易、自营进出口于一体的价值链"硬"件，把看似不相关的两方置于一个内部系统中协同作用。以下将利用协同理论中的系统论、信息论、突变论等特性作为基础，对浙江路联的企业文化与价值链双轮驱动模式进行分析（见图5-5）。

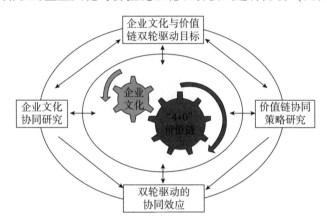

**图5-5　浙江路联协同理论模型**

资料来源：本文研究整理。

（1）系统论。系统论的核心思想是系统的整体观念，即把研究和处理的对象看作一个整体系统来对待，其主要任务就是从整体出发研究系统整体和组成系统整体各要素之间的相互关系，从本质上说明其结构、功能、行为和动态，以把握系统整体，达到企业最优的目标。企业文化建设与价值链优化本身并无直接关联，但浙江路联将两者视为一个系统，其原因是两者都源自于企业目标，又共同为企业目标而服务。为了能在大环境中求生存，在生存中求发展，浙江路联开展企业文化建设，并进行价值链优化，提升企业自身的凝聚力和竞争力，以达到稳步发展，甚至获得领先同行的优势与地位的目的。

在这个系统中，企业文化建设与价值链优化是两个重要的组成要素，企业文化建设下又有使命、愿景、价值观、创始人自主补缺模式等各个要素，而价值链优化下也包含了各个环节的优化措施。这些大小要素共同构成了浙江路联双轮驱动模式的整个系统。

（2）信息论。信息论是将信息的传递作为一种统计现象来考虑，以此给出适当的估量预算的方法。通过研究存在于通信和控制系统中普遍存在着的信息传递的共同规律，提高各信息传输系统的有效性和可靠性，浙江路联在自身企业文化的支持下，完善了企业内部的管理系统，作为实现价值链优化的基础，以此获得更加稳定可靠的市场信息，实现以销定产的订单处理优化，并进行后续高效的数据信息化的处理。

（3）突变论。突变论是以事物结构的稳定性作为基础，从稳定的状态来着手分析事物的各种变化。在严格控制条件的情况下，如果质变经历的中间过渡状态是不稳定的，那它就是一个飞跃过程；如果中间状态是稳定的，那它则是一个渐变过程。从企业文化建设的进程来看，这一系列的过程需要不断地收集信息、磨合改进，且改进的过程相对温和、稳定，因此也是渐变的。而价值链优化则是在一系列准备工作完成后开展的，这一改动过程相对迅速，且变化巨大，并伴随着一些不稳定的突发因素，因此是飞跃的。这两者都是双轮驱动模式中的组成要素，相互影响，相互作用，但两者不同的突变方式又各自独立、互不干扰，即两者可相互协同作用。

## 三、浙江路联的双轮驱动模式

### 1. 浙江路联企业文化建设分析

（1）基于系统性观点分析浙江路联企业文化。浙江路联的企业文化建设框架如图5-6所示。企业文化作为企业软实力的部分逐渐被越来越多的企业家所重视。就目前来说，我国民营经济虽然发展快速，但是民营企业平均寿命很短，有关调查表明，导致传统民营企业逐渐消亡的重要原因之一就是企业文化的缺失造成企业核心竞争力被破坏。企业文化属于微观的上层建筑，是企业自身的映射，同时又受各种因素，如物质、行为、制度、精神等内外力的共同作用。企业文化在企业发展中相对稳定。企业文化系统却相对是动态的，因此，作为传统民营制造业的浙江路联顺势而为，基于自身的定位、现状和目标，自上至下地建立和发展起了一套独特的企业文化。

（2）基于持续性观点分析浙江路联员工关怀。浙江路联的员工大多是来自河南、湖南、云南、贵州等中西部地区的外来务工人员，文化普遍不高。

浙江路联利用持续性企业文化系统的导向、凝聚、约束、辐射功能，通过为员工提供培训学习会、动员会、消防安全演习、年会等活动，随处可见的自我暗示、ABC情绪理论中"我是一切的源泉""天助自助者""每天进步

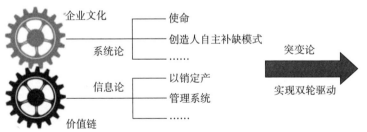

**图 5-6　浙江路联双轮驱动**

资料来源：本文研究整理。

一点点"等励志标语，以第一人称的代入向员工传递一种正面的、积极的企业文化。

传统民营企业的企业文化系统属于复杂自适应系统，它的持续性（系统演化和进化的主要动力）便体现在系统中成员的能动性方面。学习可以使员工更好地适应企业环境，员工在为企业奉献的同时也在提高自身素质，从而做到与企业共成长。

2. 浙江路联的"4+0"价值链模式

价值链概念是由哈佛商学院教授迈克尔·波特于1985年在《竞争优势》一书中提出的。他认为："每一个企业都是在设计、生产、销售、发送和辅助其产品的过程中进行种种活动的集合体。所有这些活动可以用一个价值链来表明。"每一项经营管理活动就是这一价值链条上的一个环节，并且各个环节之间相互关联、相互影响。同时，价值链中存在着大量的上下游关系和相互价值的交换，上游环节向下游环节输送产品或服务，下游环节向上游环节反馈信息。

（1）浙江路联"4+0"价值链优化。"4+0"价值链模式，即"订单处理优化—产品设计优化—原料采购优化—仓库运输优化"的新型价值链，以订单处理为主导，将劳动密集型的低端制造外包给其他专业制造厂商，去除了原先企业内部的低端制造环节，把原"6+1"价值链中的"1"（低端制造）化为"0"，保留了产品设计、订单销售和原料采购环节，并改零售环节为经销商销售环节，在此基础上逐级展开生产与销售。浙江路联在"4+0"价值链模式下，主要对企业产品设计、原料采购、仓库运输以及订单处理这四项进行了优化（见图5-7）。

1）订单处理优化。依据购买者的需求，对产品进行精准的定位和设计

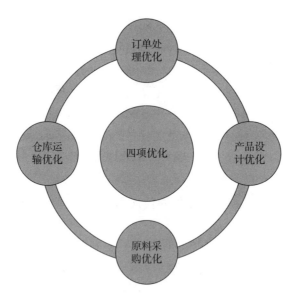

图 5-7　浙江路联"4+0"价值链四项优化

资料来源：本文研究整理。

定制。

2）产品设计优化。即产品设计多样化、与国际接轨，以满足国内外不同消费者的需求。

3）原料采购优化。生产上掌握各种主要材料的自产能力。整合供货商，量化采购，降低原材料价格，提高毛利率。

4）仓库运输优化。取消成品仓库，直接装箱发货，降低库存成本。

通过将优化过的新型价值链与原价值链进行对比，可以得出"4+0"价值链的两项重大变化：第一，按需生产制度。产品生产完即送往经销商所在地。第二，经销商模式。取消零售门店，只采用经销商销售的模式。由此，订单处理成为整个价值链的核心，在价值链中的作用最大。企业在完成了订单处理环节后，才会开展后续的产品设计制造以及原料采购环节，并最终通过经销商完成销售。

（2）浙江路联的"4+0"价值链支持系统。每个企业都处在价值链中的某一环节，一个企业要赢得和维持竞争优势不仅取决于其内部价值链，而且还取决于在一个更大的价值系统中，一个企业的价值链同其供应商、销售商以及顾客价值链之间的连接。

　　由于企业的价值链上接供应商价值链，下连客户价值链，同时还受到市场价值链与竞争对手价值链的影响，因此，企业的价值链并不是处在一个真空地带，它与外界具有不可分割的价值联系。由此可知，企业的价值链需要与整体环境相协调、相融合，并且有足够稳定的支持系统来维持，才能保证价值链系统的正常运行。如图 5-8 所示，浙江路联便采用了适合自身企业发展的支持系统来维系"4+0"价值链中的各项日常经营活动。

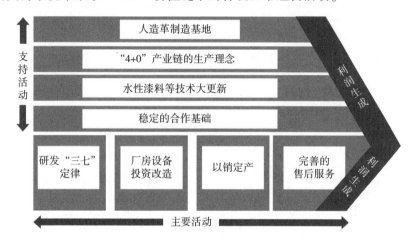

**图 5-8　浙江路联价值链**

资料来源：本文研究整理。

3. "4+0" 价值链模式的四项环节分析

　　"4+0" 价值链模式是在原先"产品设计—原料采购—仓储运输—订单处理—批发经营—零售"的价值链模式的基础上，通过改进与优化，最终呈现出"订单处理—产品设计制造—原材料采购加工—经销商销售"的价值链模式（见图 5-9）。

**图 5-9　浙江路联 "4+0" 价值链的四项环节**

资料来源：本文研究整理。

　　（1）基于竞合战略分析浙江路联模式的订单处理。"4+0" 价值链模式是以订单处理为主导，逐级展开生产与销售的一种新型价值链。通过这种将重心放在订单处理上的方式，可以有效地降低库存成本，也能有效地提高产品的多样性，使得企业能够灵活地适应市场变化。由此可见，订单处理是该新型价值链的首要环节，关系着后续环节能否顺利进行，而后续环节的开展，也将会反向地影响该环节。浙江路联从订单处理环节开始，与该链上的各个企业开展合作，形成稳定链式。因此，竞合战略成为浙江路联的最优选择。

竞合战略是指通过与其他企业合作来获得企业竞争优势或战略价值的战略，其实质是实现企业优势要素的互补，增强竞争双方的实力，从而促成双方建立和巩固各自的市场竞争地位。该战略以市场需求为导向，以客户需求为中心，这使得合作企业之间能够以共同的理念形成战略联盟，实现利益的最大化。

以下为实施竞合战略需注意的三个方面：

合作伙伴的确定。即合作伙伴间的协同优势及战略配合，这需要浙江路联与其合作企业之间的价值观念相互适应，且不存在利益侵占。合作企业间唯有优势互补才能实现多方竞争力的增强。

结构设计的合理性。浙江路联在选定了合作伙伴后，便需要对该联盟的运行机制和管理机制进行设计，建立起良好的解决纠纷机制和有效的沟通渠道。

确保长期的合作关系。当长期合作关系建立并得以维持时，联盟的作用才能持续发挥。这便需要浙江路联与合作伙伴之间采取适当的措施来维持关系。

（2）基于"三七"定律产品设计机制。"三七"定律是根植于中国传统文化的重要哲理之一，其意义在于对事物一分为二，根据矛盾主次关系的变化以3：7的比例加以分配，建立三元模型并展开逻辑演绎和推理（见图5-10）。

作为中国独特的一个数字法则，浙江路联将"三七"定律渗透到产品的设计制造环节，致力于寻求多种元素之间的平衡，以此建立起竞争优势。为避免研发力度不够而导致产品缺乏创新，也为使产品多样丰富以扩大受众群体，浙江路联凝练出独具特色的"三七"研发理论，即在产品研发环节不依赖于单一渠道，而是30%通过自主研发创新，另外70%由下游供货商来提供市场信息，以此分析市场需求，设计出满足客户需求的新型产品。

浙江路联在产品研发上毫不吝啬。由于产品市场更新极快，企业需在同业竞争者之前将新型产品快速投放面市，这样才能有机会优先占领市场，赢得客户资源。因此，浙江路联重点打造研发生产线，由研发人员进行新产品的开发，或者购买最新专利，并以最新型的材料和纹样进行产品的设计制造，

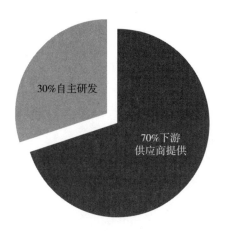

**图5-10 浙江路联"三七"研发定律**

资料来源：本文研究整理。

生产出符合市场需求与时代潮流的产品。

虽然浙江路联在研发上保持力度，但市场的需求是在不断变动的，若无法把握准确的市场风向则容易使研发的方向产生偏差，造成不可避免的损失。因此，浙江路联在加强自主研发的同时，也需要下游供应商提供市场信息。在"4+0"价值链模式下，企业的销售是依靠经销商来实现的，因此，经销商成为企业与客户沟通的重要渠道。由下游供应商反馈最新的市场动向，能使研发的产品符合市场定位，更贴近客户的真实需要，而这对于企业能否迅速占领市场至关重要。

浙江路联在"三七"研发定律的指导下，既保证了企业自主研发的质量，同时又吸纳了下游供货商的市场信息，确保了市场的占有率，使得企业能精准地把握市场风向，率先占领市场，保持产品在同行中的竞争优势。

（3）基于核心能力理论的原材料采购加工。普拉哈拉德和哈默尔于1990年首次提出核心能力理论。该理论认为核心能力是提供企业在特定经营中的竞争能力和竞争优势多方面技能、互补性资产和运行机制的有机融合，是不同技术系统、管理系统及技术的有机结合，是识别和提供竞争优势的一组资源。

浙江路联的产业价值链通过"4+0"模式，以占领市场份额为目标，在价格涨幅压力、日益增长的劳动力成本和环保硬性制度压力下（见图5-11），坚持"保护动物人人皆知，做好皮革是我们的责任"的公司理念。

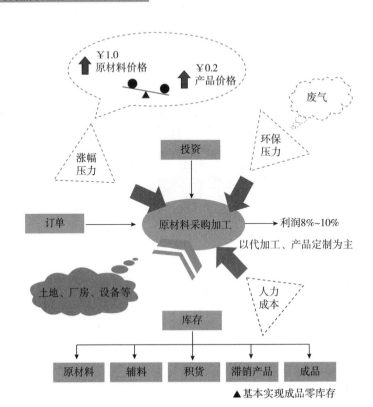

**图 5-11　浙江路联"4+0"价值链上原材料采购加工**

资料来源：本文研究整理。

原材料采购加工环节能体现企业的核心能力特征，其特征有以下三点（见图 5-12）：

有价值性：核心能力必须具备实现用户所需价值的作用。浙江路联作为一家皮革装饰材料公司，将目光主要瞄准 PVC 人造革市场，浙江路联凭借高品质、优质化的服务、良好的产品质量不仅获得客户的好口碑，更是赢得了一批极为稳定的客户群。例如，浙江路联在原材料花色采购方面，1/3 左右是公司依靠自身经验积累而选购，2/3 则是为满足客户需求的采购、加工而成。

难以模仿性：核心能力具有路径依赖性和不可还原性，因而很难模仿。浙江路联通过知识产权的保护措施，在新产品市场经济的稳定期，实现对原材料采购加工专利和软件著作权的所有权。例如，一种新型环保阻燃人造革、一种抗菌环保合成革涂饰设备、复合人造革高精度改色工艺控制系统（V1.0）、

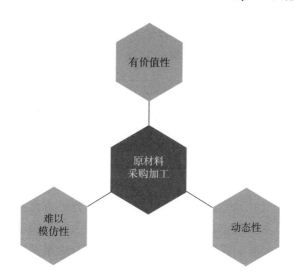

**图 5-12 浙江路联原材料采购加工**

资料来源：本文研究整理。

高仿水人造革负氧离子在线监测系统（V1.0）等。

动态性：虽然企业核心能力是资源长期积累的结果，但它是动态的，随着时间、环境的演变而变化，市场需求的波动以及企业战略目标的转移都会使核心能力重建和发展。可以说皮革装饰材料的产品生命周期短，市场需求转变快，产品上新的花色、色泽、纹路、材质等都是紧随当季的潮流风尚的，因此浙江路联优化价值链，即时搜索、挖掘、采购原材料，采用代加工、产品定制的方式，达到抢占先机市场份额，从而盈利。

（4）基于厂商合作的经销商销售。厂商合作是商业体系中一种非常重要的形式，厂商合作是现代企业管理中"专业的人干专业的事"的具体表现。浙江路联在经销商销售环节上展现了"4+0"模式的发展优势，由深度合作模式慢慢开拓至新型合作模式。

浙江路联的深度合作模式采用更为常见的通路结盟模式，通过厂家和经销商合作这一渠道，厂家派人手帮助经销商，经销商紧跟厂家生产决策方向，双方紧密合作。浙江路联拥有的稳定厂商合作关系使这一模式更加稳健。而近年来兴起的新型合作模式同样让浙江路联在此基础上进一步的发展。

随着PVC技术印染工艺的进一步发展以及企业本身战略方向的调整，浙江路联开始向新型的合作模式探索，如经销商业务员化、"互联网+"模式等。

1）经销商业务员化模式：通过厂家直接把部分经销商变成自己的销售团

队。在区域市场上，厂家直接让经销商来承担业务员和经销商的双重身份。浙江路联有特定的下游经销商杭州兰曼琦装饰材料有限公司，实现成品零库存，缩短产品周转周期。

2）"互联网+"模式：随着互联网经济的发展，企业更容易直接接触到大量的终端客户。最初浙江路联由于网络收益甚微而及时止损，但是近期开始的网页制作，浙江路联"互联网+"经济的苗头逐渐显现。

3）优化厂商合作模式："4+0"价值链模式的建立，同时也为浙江路联产品价值链带来了改变。经销商销售模式的改变重在改变实现渠道价值链的分配机制，通过合作模式实现利益与承担的责任挂钩。这为浙江路联在调整厂商之间的关系中找到新方向。

## 资料来源

[1] 夏立明，李晓倩．基于可持续发展理论的企业文化评价指标体系构建 [J]．科技进步与对策，2012，29（3）：119-122．

[2] 谢纪刚，胡联国．基于动力系统理论的并购后文化整合研究 [J]．管理评论，2014，26（5）：161-168．

[3] 张晓辉，王莉．基于系统理论的民营企业文化建设研究 [J]．现代情报，2007（1）：181-184．

[4] 陈丽琳．企业文化四层次结构理论及应用 [J]．经济体制改革，2007（5）：78-80．

[5] 韩文辉，吴威威．国外企业文化理论主要流派述评 [J]．哈尔滨工业大学学报（社会科学版），2000（4）：121-125．

[6] 颜节礼，朱晋伟．当前民营企业文化建设瓶颈与推进路径 [J]．商业经济与管理，2013（9）：19-26．

[7] 秦德智，秦超，蒋成程．企业文化软实力与核心竞争力研究 [J]．科技进步与对策，2013，30（14）：95-98．

[8] 高丽，潘煜，万岩．企业文化、智力资本和企业绩效的关系——以高科技企业为例 [J]．系统管理学报，2014，23（4）：537-544．

 **经验借鉴**

本案例深入研究了浙江路联装饰材料有限公司在互联网经济浪潮下不畏

挑战，进行自身的转型升级，以实现可持续发展的思路历程。研究以协同理论为基础，从浙江路联的企业文化建设与价值链优化两方面切入，以双轮驱动所产生的协同效应促进企业可持续发展作为案例，为许多面临相似境遇的传统制造型企业提供具备借鉴意义的建议与参考。浙江路联发展的主要经验：①诠释企业文化凝心聚力作用。在"1+2+4"企业文化的引领与熏陶下，公司注重企业文化建设，重视人文素养熏陶，设立了创始人自主补缺模式，同时也定期为员工提供培训进修机会，提升企业的文化素养，并定期对企业员工进行人文关怀。在该企业文化的渲染下，企业员工认同感与归属感逐渐增强，企业核心凝聚力不断增强，员工齐心协力为企业服务。②"4+0"价值链模式优化管理。"4+0"价值链模式是浙江路联装饰材料有限公司为应对新工业革命而形成的一种新型价值链。它以订单处理为主导，着力解决了成品库存的问题，降低了库存成本，并且能为购买者提供定制服务，增加了产品的多样性，使得企业能够灵活地适应市场的变化，甚至能优先于同行企业占领市场，较快获得收益。实施价值链管理的意义就是优化核心业务流程，降低企业组织和经营成本，提升企业的市场竞争力。它旨在帮助企业建立一套与市场竞争相适应的、数字化的管理模式，弥补企业长期以来在组织结构设计、业务流程和信息化管理等方面存在的不足，提高业务管理水平和经营效率，控制经营风险，增强企业的综合竞争优势。③双轮驱动助力企业可持续发展。企业想要可持续地发展，必须有驱动企业的中坚力量。将决定企业能否可持续发展的因素联合成一个整体，通过不同要素之间的协同效应，形成系统有序的内驱力，使企业内部的凝聚力得到提升，实现企业目标与员工期望的统一，促进企业策略与战略环境的融合，进而有效增强企业的竞争力。

## 本篇启发思考题

1. 企业文化建设对转型升级有哪些影响作用？
2. 竞合战略对价值链优化有何指导意义？
3. 影响企业价值链的因素有哪些？
4. 企业文化与价值链双轮驱动模式对转型升级有何借鉴意义？

# 第六篇

# 合法性视角下的商业模式和二次创新的共同演变：源牌科技 1994~2018 年纵向案例研究

 **公司简介**

杭州源牌科技股份有限公司（以下简称源牌科技），公司总部位于杭州，在北京、上海、山东等地拥有多家子公司，在全国各中心城市设有办事处，是一个服务于能源电力、建筑环境领域的国家重点高新技术企业。源牌科技以智慧低碳能源技术为核心，始终秉承"低碳能源，建筑未来"的企业使命，重点在建筑高端中央空调、分布式能源与区域能源、建筑能源环境协同控制等专业领域提供一体化解决方案。目前，拥有包括变风量与低温送风中央空调、柔性中央空调、冰（水）蓄冷中央空调、太阳能与生物质能源利用、分布式能源与区域供冷供热、能源计量与能效管理、楼宇智能控制、流量计与智慧水务等核心技术。源牌科技有核心产品生产基地，生产系列自主知识产权的核心产品，是国内最大的蓄能和空调自控产品生产制造基地。蓄能空调市场占有率超过45%；变风量低温送风空调、电锅炉、电站启动锅炉等产品市场占有率长期居业内第一。源牌科技获得 77 项专利及著作权，其中 10 项是国家发明专利，自主知识产权产品及技术达到销售总额的 80% 以上。源牌科技整体业务量保持 20% 的增长率，且稳健增长。源牌科技营业收入从 2015 年的 1.6 亿元增长到 2017 年的 1.9 亿元。在国内外建成 500 多幢低碳节能大楼，累计服务建筑面积超过 15000 万平方米。

## 案例梗概

本案例探究了"工程、产品、服务三位一体"商业模式动态演变过程的内在影响因素和作用机理，构建了一个合法性、商业模式与二次创新三者共演模型。研究表明，在商业模式演化的不同阶段，商业模式、合法性、二次创新三者之间存在着相互联系的紧密演变关系。具体表现为：①合法性是用来判别企业行为合法性、商业模式和二次创新都需在合法性的前提下发展，合法性严重影响着商业模式和二次创新；②二次创新与商业模式之间相互联系与作用，与合法性形成三元互动的有机整体；③随着合法性演变，商业模式和二次创新为适应新的合法性进而发生共演，从而形成了一个三元共演的模型；④上一阶段合法性对下一阶段合法性的获取有一定的积极影响作用。

**关键词：** 合法性；三位一体模式；二次创新；共演

 **案例全文**

# 一、源牌科技发展历程

源牌科技发展历程如表 6-1 所示。

**表 6-1　源牌科技发展里程碑**

| 年份 | 事件 |
| --- | --- |
| 1994 | 成立源牌科技发展史上第一家公司——杭州源牌人工环境工程有限公司 |
| 1995 | 公司冰蓄冷空调首次真正被使用于天天渔港大酒店 |
| 1998 | 负责参与北京国际会议中心项目，公司荣获"杰出贡献单位"奖 |
| 2002 | 由事业单位转为企业的"国电机械设计研究所"被划到华电集团旗下 |
| 2006 | 经批准在该所设立"中国华电集团动力技术研究中心"，研究院二次创业欣欣向荣 |
| 2010 | 杭州国电能源院将与建筑能源环境相关的专业公司进一步组建成源牌科技，成为民营股份制企业。并参与上海世博中心建设项目，获得国际 LEED 铂金奖双重证书 |
| 2010 | 上海世博项目，取得国内产品与国际产品相竞争的初步胜利 |
| 2010 | 广州珠江大厦项目，催生了柔性空调和楼宇自控系统的研发 |

续表

| 年份 | 事件 |
| --- | --- |
| 2014 | 全面实现了年初制定的相关合同额和经济指标，新签合同额同比增长 18.7%，净利润同比增长 32.8%。在冰蓄冷空调方面，新签合同总额连创新高，如源牌科技上海公司与一汽能源中心签订总承包合同，单项合同额近 1 亿元，创造了单一项目规模新纪录 |
| 2015 | 浙江低碳建筑科技馆年底投入运行，成功中标南昌地铁大厦冰蓄冷变风量低温送风空调总承包项目、中国南玻集团股份有限公司光伏发电项目……并在德国、泰国、越南、印度尼西亚、哥伦比亚、巴基斯坦等国家和地区中标一批新项目或落成启用一批新项目 |
| 2016 | 上海外滩黄浦江沿岸地标性建筑白玉兰广场项目年底竣工 |
| 2017 | 2017 年 5 月源牌科技中标项目北京第一高楼"中国尊"大厦举行双工况冷水机组首吊仪式，其采用的格力永磁同步变频双工况冰蓄冷离心机组再一次让世界爱上了中国制造 |

资料来源：杭州源牌科技公司提供。

## 二、模式发展：因势利导，循序渐进

源牌科技得以成功发展壮大，其特色的"三位一体"商业新模式在其中起到重要作用。"三位一体"模式是指源牌科技将主营业务工程系统集成、核心产品、服务保障三要素融为一体，为客户提供系统化解决方案，实现项目效果的最优化的模式。

根据源牌科技的商业模式的发展态势与标志性事件，可将"工程、产品、服务三位一体"模式大致分成三个阶段：工程为主导的"三位一体"全方位模式阶段（1994～2009 年），产品为主导的"三位一体"稳固模式阶段（2010～2017 年），产品为主导的产品、服务二维回归模式阶段（2018 年至今）。模式阶段性演变如图 6-1 所示：

1. 以工程为主导的"三位一体"全方位模式（1994～2009 年）

源牌科技在发展之初，电网供电还存在着电网峰谷负荷现象。因电是一种特殊的商品，大多数情况下它必须即发即用。发电锅炉用电负荷大于 90% 以上时运行，发电效能最高，用电负荷低了效能反而趋低，发电锅炉从冷却到升温需要耗去很多燃料。为倡导用户在电网处于负荷低谷状态时尽量用电，

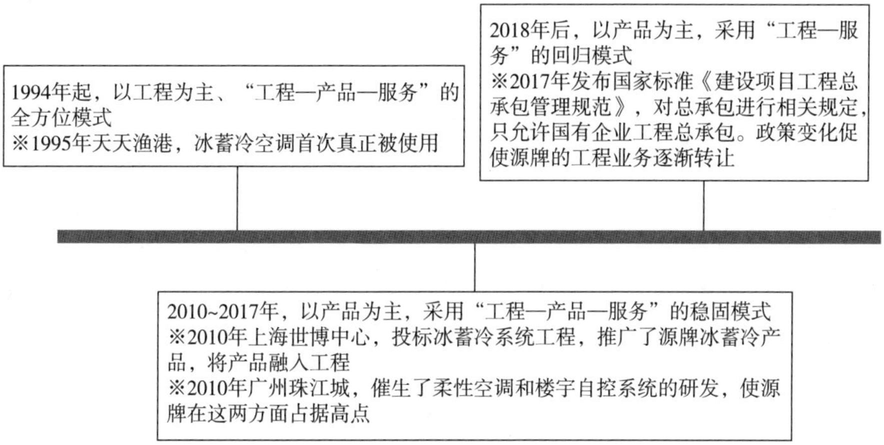

> 2018年后，以产品为主，采用"工程—服务"的回归模式
> ※2017年发布国家标准《建设项目工程总承包管理规范》，对总承包进行相关规定，只许可国有企业工程总承包。政策变化促使源牌的工程业务逐渐转让

> 1994年起，以工程为主、"工程—产品—服务"的全方位模式
> ※1995年天天渔港，冰蓄冷空调首次真正被使用

> 2010~2017年，以产品为主，采用"工程—产品—服务"的稳固模式
> ※2010年上海世博中心，投标冰蓄冷系统工程，推广了源牌冰蓄冷产品，将产品融入工程
> ※2010年广州珠江城，催生了柔性空调和楼宇自控系统的研发，使源牌在这两方面占据高点

**图 6-1　商业模式演变**

资料来源：本文研究整理。

政府制定了"峰谷分时电价"政策，但这对彻底扭转电网峰谷负荷矛盾效果不佳。冰蓄冷技术能够为国家电网移峰填谷做贡献，工作原理就是冰蓄冷中央空调利用晚间的低谷电制冰，存储起来，这样白天就可以不用制冷机，用冰融化给大楼提供冷气。这样的方式既减缓电力投资，又提高发电的效率，做到节能减排，因此市场前景巨大。由此源牌科技开始了对冰蓄冷中央空调技术和系统设备的研究和推广推销，提供冰蓄冷空调机组的整体工程集成服务。

源牌科技高层准确判断了市场形势，国际国内环保低碳绿色发展的趋势，以及国内企业开始重视节能减排的趋向，准确并坚定地选择冰蓄冷中央空调这一产品。但在计划经济的科研人才工作背景下，科研成果如何市场化成为一大难题。源牌成立之初，由于新创企业存在着资源紧张的缺陷，尽管企业研究团队已开始研究冰蓄冷技术，但并未具备冰蓄冷空调的生产技术和生产条件。但源牌科技凭借着优秀的系统设计团队资源，在系统集成领域努力创造收益。

"产品"已经有了，但是要如何进入市场呢？源牌科技先以浙江省多家市级电力部门为切入点。电力部门对冰蓄冷技术有了一定的了解后，发觉将空调节约的电量用于生产所需，从而减缓用电高峰时期停电的方法可行，便积极推进，协助源牌科技寻找客户，比如商场、饭店、体育馆、写字楼。并采取对使用客户不停止供电的优惠策略。由此，源牌科技逐渐打开市场，在市场中慢慢站稳脚跟。

随着业务的拓展，系统集成设计逐渐无法满足源牌科技的成长。国内大型建筑空调系统项目通常分成两部分：机电系统设计和机械安装工程，两者属于分离状态。这种模式适合于传统的成熟的中央空调系统，但由于冰蓄冷装置系统具有一定的复杂性，这个模式便无法适应，造成安装工程的成效无法达到设计最初的目标。换言之，工程质量以及冰蓄冷设备的后续调试都影响着源牌科技的设计成效。于是，源牌科技逐渐建立了自己的安装施工团队，承包工程项目与产品采购。同时，源牌科技在对国外冰蓄冷产品进行调试的过程中发现了许多不足之处并着手改进。源牌科技以工程为主导的工程、产品、服务"三位一体"全方位模式由此形成。

2. 以产品为主导的三位一体稳固模式（2010~2017年）

经过十几年的发展，冰蓄冷装置开始普遍应用，但其缺陷也通过市场逐渐表现出来。当时市面上所存在的两种不同的冰蓄冷装置，其蓄冷管材质分别为钢管和塑料管，两者各有优缺点。钢管的导热系数大，传热系数高，有利于融冰，但是耐腐蚀性差，长期泡在水里，一旦损坏整个装置便无法使用。塑料管耐腐蚀性比较好，但是导热性较差，所以用其制作蓄冰装置，只能做成完全冻结式，导致融冰温度不稳定，限制冰蓄冷装置的有效应用。源牌科技在引进了冰蓄冷技术之后，开始研发改进冰蓄冷装置的内部材料，并最终研发出了新型"纳米导热复合材料"，该材料以石墨和PE为主材料，同时兼具塑料管与钢管的优势并克服了其劣势，制造出了源牌科技特色的冰蓄冷装置。之后，经过进一步的营销，项目负责人团队逐渐信任源牌科技的国产冰蓄冷装置，由此，在项目中标后，源牌顺理成章地把冰蓄冷空调系统的核心设备之一的蓄冰装置换成了自己的产品。以此打开了以产品为主导的"三位一体"模式的大门（见图6-2）。

除了冰蓄冷装置，源牌科技还创新研发了带有自主特色的变风量装置VAV-terminal。相比冰蓄冷装置，变风量装置更复杂，该装置主要由变风量末端装置与调控系统两部组成。但变风量系统也由市场反馈出"水土不服"现象，无法发挥原有功效。于是，源牌科技便转向冰蓄冷系统的模式，希望通过承包工程，进入变风量系统市场。由于市场竞争过于激烈，源牌自主研发生产了VAV-terminal，将变风量末端装置与自动控制系统进行整合，形成了一个新的组合型产品，解决原有变风量系统缺乏整体性的缺点，让系统运转

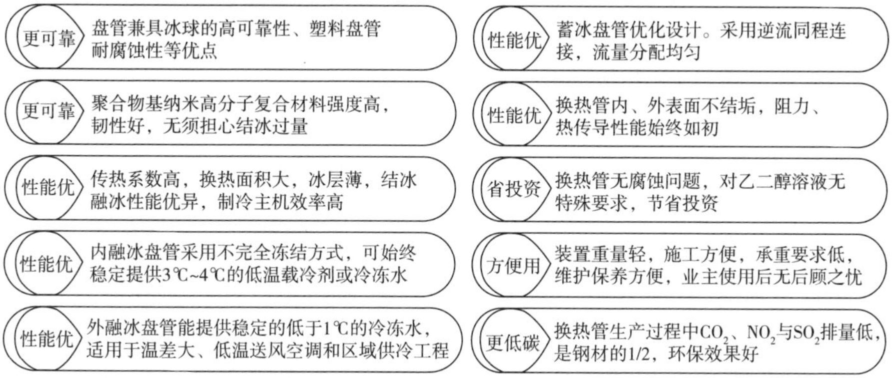

| | | | |
|---|---|---|---|
| 更可靠 | 盘管兼具冰球的高可靠性、塑料盘管耐腐蚀性等优点 | 性能优 | 蓄冰盘管优化设计。采用逆流同程连接，流量分配均匀 |
| 更可靠 | 聚合物基纳米高分子复合材料强度高，韧性好，无须担心结冰过量 | 性能优 | 换热管内、外表面不结垢，阻力、热传导性能始终如初 |
| 性能优 | 传热系数高，换热面积大，冰层薄，结冰融冰性能优异，制冷主机效率高 | 省投资 | 换热管无腐蚀问题，对乙二醇溶液无特殊要求，节省投资 |
| 性能优 | 内融冰盘管采用不完全冻结方式，可始终稳定提供3℃~4℃的低温载冷剂或冷冻水 | 方便用 | 装置重量轻，施工方便，承重要求低，维护保养方便，业主使用后无后顾之忧 |
| 性能优 | 外融冰盘管能提供稳定的低于1℃的冷冻水，适用于温差大、低温送风空调和区域供冷工程 | 更低碳 | 换热管生产过程中$CO_2$、$NO_2$与$SO_2$排量低，是钢材的1/2，环保效果好 |

**图6-2　复合盘管蓄冰装置及其特点**

资料来源：杭州源牌科技公司提供。

更加协调一致，也为客户保障了售后的运行服务。这样减缓了机电安装公司及建筑智能化公司的竞争压力。

变风量末端装置（VAV）：一般由箱体、风机、风量传感器、风阀、变风量控制器、室内温控器等部件组成。变风量末端装置主要用于不同区域内温度控制，工作人员通过操作装设在工作区域内的温控器对相应变风量装置进行风量调节，从而实现室内舒适性要求。

提到变风量，就不得不提广州珠江城大厦。该项目催生了柔性空调和楼宇自控系统在源牌科技的诞生，缘此发展，最终使源牌科技占据了中央空调和楼宇自动控制研发和应用的制高点。在这一项目中，源牌科技针对欧美标准化生产导致的"水土不服"的问题，结合楼宇自动控制系统研发出VAV-terminal和PLC两款产品，在技术上取得绝对的优势，使产品的主导地位在商业中进一步提升。同时，在该项目中，源牌科技负责了所有控制系统的硬件购买和软件编制以及整个系统的调试，最后还负责了整个系统的后期维护，可谓是精益求精，用最好的工程、产品和服务追求整个项目的最优成效。珠江城大厦项目的顺利完成，既是对源牌科技业务能力的一次巨大肯定，也象征着以产品为主导的"三位一体"模式的进一步稳固。

PLC：工业可编程逻辑控制器。相较于DLC，工业PLC走的道路是厂家提供硬件，软件则可由自己的应用工程师编制。

3. 产品、服务二维回归模式（2018年至今）

在"三位一体"稳固模式的常态发展下，合法性却突然提出了非常态的新要求，源牌科技在工程领域遭遇挑战，同时在产品领域继续稳步发展，服务空间发挥较大，凭借自身技术能力，源牌开始寻求转型，回归关键业务，开始形成以产品+服务的关键业务模式。

合法性的新要求来自我国在 2017 年 5 月发布的《建设项目工程总承包管理规范》，其中关于工程总承包管理的组织一般规定中指出以下几点：

①工程总承包企业应建立与工程总承包项目相适应的项目管理组织，并行使项目管理职能，实行项目经理负责制。②项目经理应根据工程总承包企业法定代表人授权的范围、时间和项目管理目标责任书中的规定的内容，对工程总承包项目，自项目启动至项目收尾，实行全国车工管理。③工程总承包企业承担建设项目工程总承包，宜采用矩阵式管理。项目部应由项目经理领导，并接受工程总承包企业职能部门指导、监督、检查和考核。④项目部在项目首位完成后应由工程总承包企业批准解散。

我国对总承包相关的承发包管理、合同和结算、参建单位的责任和义务等方面做出了具体说明，随后又相继出台了针对总承包施工许可、工程造价等方面的政策法规，这表明政府正全力推进工程总承包模式。这使得源牌科技的工程业务必然受到影响。因此，源牌科技工程业务将逐步退出市场，源牌科技将不再承包冰蓄冷系统集成工程，而只专注于冰蓄冷空调系列产品。在产品方面，以提高性能和降低成本为两大目标，源牌科技将紧紧抓住技术创新，增强技术实力、扩大自主专利，专注研发市场需要的低碳节能产品，凝聚自身核心竞争力。未来，源牌科技将顺应环境变化，以技术能力为支撑，形成以产品业务为主导的"产品、服务"二维回归的商业模式。

## 三、提出假设：三元共生，与时偕行

本文旨在对源牌科技工程、产品、服务"三位一体"特色商业模式演变内在机理进行深入研究探讨。从"'三位一体'商业模式为什么会形成"与"'三位一体'商业模式如何发展演变"这两大主要问题出发，经过大量相关研究论文的反复学习及案例对象事件的深入调查，提出了以下假设：

假设 a：合法性对二次创新和商业模式具有重要的影响作用。

合法性具体由规制、规范和认知这三个方面的要素组成，其评判标准由制度、技术和市场这三个外部环境所决定，为二次创新和"三位一体"商业模式的后续演化设定了目标。二次创新和"三位一体"商业模式若要取得合法性，并向下一阶段进行演化，要先满足当前所处阶段相应的合法性要求。

　　源牌科技属于科研型企业，规制对源牌科技的行为进行约束，限制了源牌科技的发展标准和规定；规范对源牌科技的发展理念提出要求，影响着源牌科技的价值观基础；认知对源牌科技的知名度产生影响，表现出社会公众对源牌科技的接受程度。

　　合法性对源牌科技的二次创新过程和"三位一体"商业模式的具体影响如表6-2所示。

表6-2　合法性对二次创新和商业模式的影响

| 合法性 | 规制方面 | 规范方面 | 认知方面 |
|---|---|---|---|
| 对二次创新具体影响 | 源牌科技的二次创新需要符合行业标准，使用业内通用零部件和一般制造技术进行生产操作 | 源牌科技在二次创新的过程中，需要将技术的成果与公众价值观和道德规范联系起来，技术能否被有效应用可以证明它是否符合公众价值观和道德规范 | 不同用户群体对源牌科技的接受程度存在差异，为了缩小这种差异，提高用户对源牌科技的接受程度，源牌科技需要通过二次创新，提高产品质量，增强用户的体验 |
| 对商业模式具体影响 | 源牌科技的行为需要在政府、相关专业机构和行业协会等有关部门所制定的规章制度内进行，"三位一体"商业模式应根据这些规章制度进行动态调整，积极获取在行业专业中的认证 | 源牌科技要在社会价值观和道德规范的框架下，做正确的事，努力增进社会福利，因此"三位一体"商业模式所要表达出的理念应该忠实于公众既有的社会价值观和道德规范 | 源牌科技需要提高知名度，把企业理念渗透整个组织的运作中，创造被社会公众了解的机会。"三位一体"模式的设计和发展应该不断满足社会公众的需求，从而逐渐改变社会公众对国产品牌的刻板印象，增强社会公众对国产品牌的信心 |

资料来源：本文研究整理。

　　假设b：二次创新和商业模式之间存在相互联系、相互促进的作用。

　　二次创新是源牌科技提升核心竞争力的途径，是源牌科技发展壮大的第一生产力。在二次创新的四个不同阶段中，源牌科技对技术的掌握程度和应用能力不断增强，实现由量变到质变的飞跃。源牌科技根据市场的需求，及时改进升级自己的技术，引导"三位一体"商业模式朝着未来创新趋势进行演变，为"三位一体"商业模式获取合法性提供技术条件支持，促进其取得相应的合法性。

商业模式为二次创新确定了发展框架，明确了"在商业模式的某一阶段需要怎样的二次创新"。"三位一体"商业模式是二次创新的突破口，二次创新来源于"三位一体"商业模式现阶段所暴露出的缺陷，以及未来"三位一体"商业模式演变的方向。通过对现阶段缺陷的弥补和功能的完善，以及对未来所需技术的研究，二次创新的过程会一步步深入到最后的后二次创新阶段。二次创新和商业模式之间的相互影响如表 6-3 和表 6-4 所示：

表 6-3　二次创新对商业模式的影响

| 二次创新 | 具体影响 |
| --- | --- |
| 模仿创新阶段 | 源牌科技的前身国电机械设计研究所从国外引进产品和工艺，完全按照引进技术的标准进行操作，对系统集成方面进行研究。这给三位一体的商业模式提供基础，开启了"三位一体"商业模式的后续发展进程 |
| 创造性模仿阶段 | 源牌科技结合引进的技术，尽可能多地采用国内的原材料和部件进行工艺创新，在不影响整体性能的情况下，大幅度改进操作条件和流程。"三位一体"商业模式的演变过程，离不开工艺的优化，这是"三位一体"商业模式演化过程的必经之路 |
| 改进型创新阶段 | 在"三位一体"商业模式的运行过程中，由于用户市场不断扩大，用户对源牌科技提出更多的需求，这要求源牌科技从现有的"三位一体"商业模式中发掘出所暴露的缺陷并加以弥补 |
| 后二次创新阶段 | 源牌科技根据未来市场的变化趋势，通过研究实验室技术和新兴技术，为"三位一体"商业模式朝下一阶段进行演变提供有强力的技术支持，使得"三位一体"商业模式在新阶段中具有先发优势 |

资料来源：本文研究整理。

表 6-4　商业模式对二次创新的影响

| 商业模式 | 具体影响 |
| --- | --- |
| 工程主导型"三位一体"模式 | 源牌科技需要借助研究所的力量，对从国外引进的产品和工艺进行创造性模仿，为该阶段的商业模式提供成熟的技术支持 |
| 产品主导型"三位一体"模式 | 在该阶段中，源牌科技的工程、产品和服务都暴露出一定的缺陷，需要利用改进型创新，对这些缺陷加以弥补，同时提升该阶段中用户的体验感 |

| 商业模式 | 具体影响 |
|---|---|
| 产品和服务"二位一体"模式 | 这一阶段中，源牌科技逐渐退出工程承包业务，致力于设计和维护两大优势业务，这需要通过后二次创新，掌握最前沿的技术，根据未来技术的发展趋势先行研究 |

资料来源：本文研究整理。

假设 c：合法性、二次创新及商业模式随时间变化呈现阶段性动态共同演变。

随着时间变化，环境因素不断发生改变，这将影响合法性的自主演变。二次创新和商业模式为获取演变后的新合法性，会相应地进行演变。在不同的演变阶段中，二次创新和商业模式在当前阶段所获取的合法性能够对获取下一阶段的合法性奠定基础，并产生积极影响。

在这种阶段性动态共演中，合法性对二次创新和商业模式的影响将不断升级，随着阶段的演化，阶段的层次越高，合法性对二次创新和商业模式的影响越明显。此外，通过不同阶段的逐步演化，源牌科技进行二次创新的能力也会不断增强，这一点可以通过源牌科技在不同阶段中的专利数量等特征明显看出来。同时，在阶段与阶段之间的共演中，源牌科技的商业模式呈现出复杂化的趋势，需根据合法性和二次创新进行必要的调整。合法性、二次创新和商业模式在阶段性共演中的具体变化如表 6-5 所示。

### 表 6-5　合法性、二次创新和商业模式的共演描述

| 时间段 | 1994~2009 年 | 2010~2017 年 | 2018 年至今 |
|---|---|---|---|
| 规制合法性 | 国有企业逐渐开始市场化 | 业界以欧美产品的参数作为标准 | 国家规定对工程需要进行总承包 |
| 规范合法性 | 供电局提倡错开高峰用电 | 建筑行业融入绿色建筑的设计理念 | 社会普遍倡导低碳节能，智能管理 |
| 认知合法性 | 用户对冰蓄冷等业务缺乏充分了解 | 大型项目负责人对国货没有信心 | 许多企业不愿将维护服务进行外包 |
| 研发投入 | 占收入的 2%~3% | 占收入的 2%~3% | 占收入的 3%~4% |

续表

| 时间段 | 1994~2009 年 | 2010~2017 年 | 2018 年至今 |
|--------|--------------|--------------|-------------|
| 专利数量 | 实用新型：6 个<br>发明专利：5 个 | 实用新型：41 个<br>发明专利：17 个 | 发明专利：9 个 |
| 创新能力 | 理论学习和吸收产品技术 | 自主研发产品，改进产品性能 | 对前沿新型技术能够实现突破 |
| 对应阶段 | 模仿创新、创造性模仿 | 创造性模仿、改进型创新 | 后二次创新 |
| 市场能力 | 中低端市场 | 中高端市场 | 高端市场 |
| 商业模式阶段 | 工程主导型"三位一体"模式 | 产品主导型"三位一体"模式 | 产品和服务二维模式 |

资料来源：本文研究整理。

在三个假设的基础上，本文建立了一个合法性、二次创新及商业模式的共演模型，如图 6-3 所示。

工程主导型"三位一体"模式　　产品主导型"三位一体"模式　　产品和服务"二位一体"模式

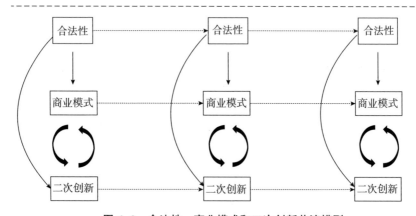

图 6-3　合法性、商业模式和二次创新共演模型

资料来源：本文研究整理。

## 四、具体分析：环环相扣，动态研究

由案例描述可见，源牌科技工程、产品、服务"三位一体"模式确实存在较为显著的阶段性动态演变，且在不同时期，合法性及二次创新给予了"三位一体"模式新的挑战和机遇。下面将从纵向演变角度切入，针对研究思路所提出的研究假设，对案例事件进行深入剖析（见表6-6）。

表6-6　商业模式演变中的二次创新发展

| 阶段<br>特征 | 模仿创新 | 创造性模仿 | 改进型创新 | 后二次创新 |
|---|---|---|---|---|
| 目标 | 获得工程集成技术 | 国产化、掌握冰蓄冷产品运行技术 | 掌握设计技术、扩展市场 | 掌握新技术研发能力、参与国际竞争 |
| 主要活动 | 冰蓄冷工程集成技术的推广和应用 | 冰蓄冷导热装置盘管材质改进 | 变风量末端装置改进、研发VAV-terminal | 楼宇自控系统DDC改进为工业可编程逻辑控制器PLC |
| 关键事件 | 天天渔港饭店成功应用冰蓄冷空调机组 | 上海世博中心项目中标后，源牌应用国产冰蓄冷盘管产品 | 广州珠江城大厦拯救旧变风量系统 | 源牌占领楼宇自控系统的业界制高点、楼控新产品实际应用 |
| 技术积累 | 掌握有关信息 | 用中学、结构性理解 | 功能性理解 | 发展新技术 |
| R&D能力 | 几乎无 | 几乎无 | 弱 | 有一定的研发水平 |
| 创新活动 | 几乎无 | 材料创新 | 工艺创新 | 新技术研发 |
| 主要障碍 | 资金缺乏、技术壁垒 | 国产品牌歧视 | 与原技术体系的矛盾 | 技术人才、技术不平衡 |
| 政府影响 | 大 | 很大 | 中 | 弱 |
| 投资 | 中 | 大 | 小 | 大 |

资料来源：本文研究整理。

1. "三位一体"全方位模式阶段

（1）合法性因素。中国早期的发展在很大程度上建立在资源消耗、环境破坏的粗放型基础之上。为此国家早在1986年就开始试行建筑节能标准。20

世纪 90 年代，国家为了倡导用户在电网处于负荷低谷状态时用电，实施了"峰谷分时电价"政策。这些均是国家从制度环境方面提出的规制合法性策略。另外，大型空调设备行业已存在并稳定运行着的竞争规则是竞争环境所决定的规制合法性。当时，中国处于技术落后阶段，冰蓄冷技术作为一种新兴技术，其研发必然需要经过一定途径的引进，这是技术环境提出的规制合法性。

虽然冰蓄冷技术已在国际上出现，但在国内鲜有人知。另外，当时背景下大多数人对于国内自主生产的产品存在诸多的不信任，人们更愿意用"洋货"而不是国货。这便决定了源牌科技在向市场推广冰蓄冷技术的过程中，需要克服公众对国产产品固有的观念，这是对认知合法性提出的挑战。

（2）"三位一体"全方位模式初步形成。规制合法性是"强硬的""不可不免的"，源牌科技的任何企业行为必须遵从于规制合法性，其商业模式也是在满足规制合法性的前提下形成的。

源牌在业务上选择冰蓄冷技术，正是从用电源头考虑为政府与人民缓解用电紧张的难题。作为环保节能型产品，冰蓄冷装置符合节能环保价值观念。综上可见，源牌即使没有"三位一体"模式，其在组织行为与产品选择上就已获得规制合法性和规范合法性。

认知合法性是源牌科技形成"三位一体"模式的重要因素。冰蓄冷装置与传统空调装置不同，是一项复杂的装置系统，它不单对系统集成的设计有一定要求，对系统安装也有讲究，任意一处出现偏差都将无法达到预期的产品效果。因此，源牌科技，从多方面把控，努力优化冰蓄冷系统，满足用户需求与期望，从根源上克服用户的不信赖。但处于初期的源牌科技在资源短缺的限制下，还不能自主生产产品，仅能凭着优秀设计团队资源，将工程业务作为其核心业务。

（3）二次创新阶段。由于规制合法性的强制规定，源牌科技对冰蓄冷技术的学习与掌握必然是由产品引进为开端。源牌科技的前身是设计研究所，研究所里有一批专业的科研人员对冰蓄冷工程集成技术进行系统的研究，因此源牌科技在一开始便已经掌握了冰蓄冷工程集成技术。

在产品的研发方面，源牌科技组织一批专业的科研人员对引进产品进行剖析学习，这使得源牌科技可以在短时间内从模仿性创新阶段发展到创新性模仿阶段。

（4）二次创新与商业模式之间的相互联系。"三位一体"模式决定了源牌科技的主要业务与核心业务，虽然源牌科技有着技术学习研究的优势，但并不能快速地提升产品方面的技术能力，从而进入改进型创新阶段。二次创新为源牌科技的商业模式提供了关键的系统技术支持，使其"三位一体"模式可以稳固持续发展。

2. "三位一体"稳固模式阶段

（1）合法性因素。自2009年哥本哈根会议以来，"节能减排"越来越成为关注的话题。"十一五"期间我国制定的《节能减排综合性工作方案》指出，要把节能减排作为调整经济结构、转变增长方式的突破口和重要抓手，作为宏观调控的重要目标。此后，我国接连颁布节能减排综合性工作方案新计划，绿色、低碳、节能已成为企业发展不可忽视的方向。国家也将出台多元化激励政策，鼓励企业走节能发展之路。同时，我国在家电、汽车等多个行业开展节能减排优惠政策，市场对于绿色节能产品的需求越发增多。不断变动的政策对源牌科技的规制合法性提出了更高的要求。

目前，国外制冷行业的发展水平仍位于我国之上，尤其是欧美国家的企业仍然是源牌科技的强大竞争者，但其产品也面临着"水土不服"的现象，这就给予了源牌科技一定的发展空间。

2010年以来，我国能源消费总量居世界首位，但是能源使用效率低下，每单位GDP对应的二氧化碳排放量远高于发达国家水平。我国制冷空调行业的节能减排技术尚处于起步阶段，相较于国外的技术前沿有差距。企业减排空间大，但亟须新技术支撑。节能技术的新要求提高了规范合法性的门槛。

（2）合法性对二次创新的影响。节能的新发展和规制、规范合法性的新要求，促使着源牌科技加快二次创新步伐。市场需求作为推动技术进步的主要动力，节能行业的广阔市场前景和国外产品的"水土不服"推动着源牌科技通过二次创新进一步占领市场。

冰蓄冷空调的合法性新要求促使源牌科技在引进技术的基础上取得自己的国家专利；DDC到PLC的转变是源牌科技通过自主研发对国外技术路线的改变。各种合法性的新要求、新程度，推动源牌科技从模仿创新、创造性模仿向改进型创新乃至后二次创新阶段飞跃，并为下一次创新打下基础。

（3）合法性助力商业模式。规范合法性解决了产品的"水土不服"问题，提高了行业内的技术水平；认知合法性提高了消费者对国产品牌的期待。在新的规范合法性和认知合法性下，源牌科技研发出本土的冰蓄冷空调装置、变风量末端装置和其他自主专利装置使其在工程承包的基础上实现了产品的快速发展，同时，在珠江城大厦项目中，源牌科技负责了所有控制系统的硬件购买和软件编制以及整个系统的调试，最后还负责了整个系统的后期维护，用高质量的工程、产品和服务完成整个项目。工程、产品、服务三者相互依存、相互影响，以技术为保障推动源牌科技顺应环境稳步发展。

（4）二次创新互动商业模式。冰蓄冷产品的进一步发展还要需依靠楼宇自控系统的创新。首先，源牌科技对原有的国外的楼宇自控系统进行研究，掌握必要的技术原理和操作后，初步进行了模仿型创新。其次，源牌科技根据市场情况，对原有的技术路线进行反思。他们发现，软硬件设备同时标准化的技术路线或许是可行的，不仅其可靠性和控制精度要求会更高，而且其工艺过程的个性化更强。工业控制选择硬件时尽量实现标准化，软件则由应用工程师编写，这就是工业可编程逻辑控制器 PLC 的发展思路。

源牌在技术引进的基础上，通过后二次创新，打造出了 PLC 这一具有完全独立自主知识产权的工业控制器，做到了比国外的技术更先进、产品更可靠。

（5）二次创新对模式获得合法性的作用。源牌科技通过二次创新，改进了原本的楼宇系统，并在重要项目"广州珠江城大厦"中获得了项目总工程师的认可和国家级设计院的支持，促使源牌科技进一步获得了规制合法性。同时，广州珠江城大厦及 2010 年的上海世博中心作为重要的国家级项目，工程、产品和服务的成功扩大了源牌科技的知名度，增加了行业内对于源牌科技的信任。更重要的是，在"洋货为先"的时代，源牌科技使国人对国货逐渐摈弃歧视性偏见，为民族品牌的崛起树立了优秀的典范，使源牌科技获得了认知合法性。广州珠江城大厦项目的顺利完成，既是对源牌科技业务能力的一次巨大肯定，也象征着以产品为主导的"三位一体"模式的进一步稳固。

3. 二维回归模式阶段

（1）合法性因素。2018 年国家颁布的《建设项目工程总承包管理规范》使得源牌工程业务的去留成为战略性的问题，发展多年的"工程+产品+服务"的"三位一体"模式必然受到规制合法性的考验。

（2）合法性对二次创新的影响。在源牌科技的"三位一体"模式的演变过程中，服务作为最后也是未来最不可忽视的一个环节，必然需要技术创新的强大支撑。其中，智能服务作为代表性服务的一部分，无疑是源牌科技未来发展的一个方向。

源牌科技现在所推广的智能服务，其中所需要的技术支撑，实际上更多的是源自国际知名企业已有的技术。但是，国外的技术并不完全适应国内的要求，因此源牌科技所做的依然是反向研究这些技术，并根据国内的具体要求进行相应的改进，以提供更好、更完善的服务。以源牌科技中标的浦东机场能源站为例，在目前国内尚不接受服务外包的形势下，源牌科技更加需要通过反求工程加快推动技术进步，完善自身的智能服务体系，从而开拓服务市场。

（3）合法性下的业务回归。面对政策要求，源牌科技计划逐步退出工程业务领域，加强产品和服务端的增值，在高收益领域扩大自己的专业优势，实现关键业务回归。源牌科技通过研发实力的积累抢占高端市场，集中科研优势更好地应对全球化竞争；源牌科技在进入市场后通过服务进一步系统化和特色化进行完善，更好地适应本地市场。

## 资料来源

[1] 张玉利，杜国臣．创业的合法性悖论 [J].中国软科学，2007（10）：47-58.

[2] 宋铁波，莫靖华，薛妍．公司创业的外部合法性获取研究——一个概念模型 [J].华南理工大学学报（社会科学版），2010，12（6）：1-5.

[3] 杜运周，任兵，张玉利．新进入缺陷、合法化战略与新企业成长 [J].管理评论，2009，（8）：57-65.

[4] 杜运周，任兵，陈忠卫，张玉利．先动性、合法化与中小企业成长：一个中介模型及其启示 [J].管理世界，2008（12）：126-138+148.

[5] 马蔷，李雪灵，申佳，王冲．创业企业合法化战略研究的演化路径与体系构建 [J].外国经济与管理，2015（10）：46-57.

[6] 吴晓波．二次创新的进化过程 [J].科研管理，1995（2）：27-35.

[7] 孙冰，尚青岩．适合我国企业的技术创新方式——二次创新 [J].科学管理研究，2003（2）：20-22+26.

[8] 彭新敏，吴晓波，吴东．基于二次创新动态过程的企业网络与组织学习平衡模式演化：海天 1971-2010 年纵向案例研究 [J].管理世界，2011（4）：138-188.

[9] 姚明明，吴东，吴晓波，范轶琳．技术追赶中商业模式设计与技术创新战略共演——阿里巴巴集团纵向案例研究 [J].科学管理研究，2017（5）：48-55.

[10] 李宏贵，谢蕊．多重制度逻辑下企业技术创新的合法性机制 [J].

科技管理研究，2017，37（3）：15-21.

 **经验借鉴**

　　本文通过研究合法性在企业发展过程中的重要影响制约作用，给企业在实际运营中如何应对合法性提供了一定的参考。同时，本文根据源牌科技"三位一体"模式的演化历史，指出科研型企业在提高二次创新能力的过程中，和传统的制造型企业相比，具有明显的先天优势，这对科研型企业尤其是新创科研型企业正确认识自身所处环境意义重大，也为进一步研究不同类型企业的二次创新进程提供突破口。源牌科技的成功发展经验以及本文所归纳的三元共演模型理论，一方面为新创科研型企业快速进入市场提供指导方向，点明合法性是影响企业快速壮大的核心要素，而科技能力是促进其快速发展的核心动力；另一方面为成熟科研型企业如何根据未来的合法性要求变化趋势，制定相应的长期发展战略，提供宝贵的指导与借鉴。

 **本篇启发思考题**

1. 合法性给企业发展带来什么样的影响？
2. 试着分析公司的二次创新历程。
3. 用相关理论或模型描述公司的商业模式。
4. 源牌科技"三位一体"模式为其发展带来什么样的优势？
5. "三位一体"模式是否有其他潜在的风险？如何监视与防范？

# 第七篇

# 基于全球价值链理论的代工厂转型之路：
# 台州劲霸 OEM-ODM-OBM 自主品牌建设路径

 **公司简介**

台州劲霸健康科技有限公司（以下简称劲霸），始创于1986年，是一家拥有自营进出口权，集开发、设计、生产、营销于一体，各类专业技术和管理人才，一流生产设备和先进管理模式的美发美容用具制造企业。经过30多年的发展，公司成长为一家拥有一定生产规模和品牌的制造企业。目前，公司占地超过28000平方米，拥有超过10人的工程团队和专业的20人质量控制（QC）团队以及数百名工人的生产能力。公司以劲霸、赛龙、三荣等品牌为主产品。劲霸远红外线蜂窝陶瓷技术可低碳节能41%电吹风、无辐射电吹风。远红外线电吹风机填补了国际空白，首创比传统电热丝电吹风电磁波磁场强度低45倍、电磁波检测低于0.8mGs的远红外线低碳电吹风。同时企业也经营了蒸汽直发器、电剪发器、低噪声高速马达等美容美发工具系列，以及空气净化器等家电系列。经过不懈的努力，企业生产的美发用具系列产品，已通过ISO9001-2000国际质量体系认证、CCC国家强制性产品认证、EMC电磁兼容检测、欧盟CE认证、欧盟ROHS GS德国产品安全认证、C-ETL-US美国—加拿大等多国安全认证，通过国家红外工业电热产品检测。2009年劲霸被评为中国诚信企业达标单位，旗下品牌劲霸、金霸、超霸王、西得神、三荣、法艾妮丝等产品，已获得浙江知名品牌、浙江名优宣传产品、2002年香港国际专利博览会金奖、26届亚洲发型化妆大赛中国东部指定产品等荣誉。目前，劲霸已拥有发明专利2项、实用新型专利15项、外观专利50多项等众多知识产权证书，为公司可持续发展打下坚实的基础。劲霸是目前长三角地区电器生产行业中，开发品种比较齐全、具有规模化生产能力和雄厚设计开发实力的专业性美发家电制造企业。

 **案例梗概**

2008 年金融危机后的十多年里，全球经济依然没有从危机中彻底苏醒过来，"做大全球经济蛋糕"的难度越来越大，而"瓜分蛋糕"的意识越来越浓，全球化遇到前所未有的阻力。国内生产成本的不断提高，处在价值链末端的传统代工企业遭遇发展危机。本案例以台州劲霸健康科技有限公司为研究对象，分析了企业从 OEM、ODM 到 OBM 不同阶段的自主品牌建设路径，运用全球价值链治理维度、全球价值链驱动、全球价值链治理和微笑曲线对企业的转型升级路径选择、体系框架、成功经验进行了分析，为我国传统代工企业通过自主品牌建设实现转型升级和竞争力提升提供借鉴。

**关键词：**代工转型；价值链；自主品牌；转型升级

**案例全文**

## 一、自主品牌建设过程

1. 外销 OEM 阶段竞争力构建（1986~2000 年）

这一阶段，劲霸还只是一个小型代工厂，仅仅占据价值链附加值最低的生产组装环节。面对激烈的代工行业竞争，劲霸必须根据自身发展现状，构建立足于市场的竞争力体系。生产组装涉及原材料采购和运输，半成品和成品的生产、组装、运输等环节，因此成本、效率和质量成为该阶段企业在市场的强大竞争力。劲霸也正是做到了低成本、高效率、高质量才得以从众多的代工企业中脱颖而出。劲霸的主营业务是代工，一般在客户下订单后会根据客户给出的参数和规格先做出样机供客户确认。在客户确认后开始批量生产，一般的生产周期是 30~45 天。劲霸有自己的模具车间和注塑车间，当客户需要定制新品，车间便可以自行开发新的模具，而后到注塑车间进行外壳的注塑。因为每家公司对吹风机的要求不同，自动式的生产线涉及的专线会产生较大的生产成本，因此劲霸公司的零部件合成环节采用的是手工生产线。最后对外形进行上色，这款产品就定型了。

2. 技术升级从 OEM 到 ODM（2000~2015 年）

劲霸并不满足于处于价值链底端的生产组装环节，而是想进一步向上游发起冲击，进行技术升级来增加企业价值。在 OEM 原始委托生产阶段，企业无法通过生产获取核心技术，因而很难形成具有自主知识产权的技术体系和独立的品牌。而 ODM 原始设计制造商企业不仅是承担制造活动，同时也进行深度加工组装和产品设计等活动。它可以向客户提供从产品研发、设计到后期维护的全部服务，客户只需向 ODM 制造商提出产品的功能、性能甚至只需提供产品的构思，ODM 制造商就可以将产品从设想变为现实。这个转变过程，对制造商的自主知识产权技术有着更高的要求。作为民营代工企业，劲霸始终将技术研发当作增强企业核心竞争力的关键。

从 OEM 起步到 ODM 的升级，劲霸通过持续的学习和创新形成了核心技术和研发能力。劲霸很早就有了品牌意识，坚持走自主品牌设计的发展之路，在为发达国家企业开展 OEM 业务时，通过对生产过程的学习，有意识地积累自己的制造经验，同时通过反求工程，对引进的设备、工艺进行摸索、探求、仿制和改进。在十几年的代工生产中，劲霸逐步建立了自己的设计部、研发部和技术部，并申请了两项发明专利，其中包括远红外蜂窝陶瓷技术发明专利，填补国际空白。此外，劲霸还申请了实用新型专利 15 项、外观专利 50 多项，为企业从 OEM 转变至 ODM 提供了最坚实的技术支持。在不断地学习和摸索过程中，劲霸企业拥有设计和初步研发能力之后，逐渐过渡到 ODM，向产业链的上游扩展。

3. ODM 和 OBM 并驱阶段（2015~2019 年）

劲霸于 2000 年已经成功转型为自主开发设计的 ODM 企业，虽然转型后凭借自身的知识产权具备了一定与品牌客户商议价格的能力，但是代工的本质仍然没有改变，企业的发展依旧受到成本上升、人民币升值、附加值较低等方面的限制。为此，劲霸根据自己的实际情况决定在发展 OEM 代工业务的同时开展品牌战略。2015 年劲霸在美国洛杉矶另创"Amaxy"美发产品品牌，包括吹风机、直发与卷发夹、吹风机配件、洗发露、护发素等一些头发护理产品。这些产品都是由劲霸自主研发的产品，并获得多项国际质量认证和专利证书。每一款产品都是专业的工业设计师精心设计，以健康、环保、创新、潮流为出发点，围绕其构建产品竞争力，创造消费者美发沙龙的首选品牌。Amaxy 的吹风机产品中有一个非常核心的技术——远红外蜂窝陶瓷技术，该设计想法来自于红外线在医疗方面取得的良好成果并且经过了很长时间的实践，反响很好。Amaxy 的设计理念是把红外线治疗光用在头皮上，从根本上治疗分叉、掉发等一系列头发问题，以期望解决女性的头发问题，受到当地沙龙美发店及消费者的喜爱。

## 二、案例分析与讨论

1. 自主品牌建设条件分析

（1）技术支持。Lee 和 Chen（1999）提出的代工企业基于竞争力的成长模型，强调能够反映企业技术水平的产品设计能力是影响企业转型的重要条件。企业的自主品牌建设离不开先进技术的支持。首先，建设自主品牌需要具备自主研发能力，据此才能将单纯的"按单生产"（OEM）变为"产品设计"（ODM）。只有掌控了核心技术能力，才能为创建"自主品牌"打下基础。劲霸在建立 Amaxy 的过程中，不断提高自身的自主研发能力，研发出节能、轻巧且具有治疗性的蜂窝陶瓷红外吹风机，并正式申请实用新型专利。同时，运用到的远红外线蜂窝陶瓷技术帮助企业成功开发出直发夹系列、卷发夹系列、电吹风系列等产品，丰富产品线种类。与市场上同质化的产品相比，Amaxy 开发的产品具有结构简单、能耗低、热效率高、使用安全的优点。其次，自主研发的更新，给生产带来了更高要求，促进生产设备的不断升级。OEM 企业以原厂设备进行生产的模式已经无法满足其打造自主品牌的需求。劲霸对红外线治疗光相关的设备进行了升级，并运用到 Amaxy 的产品生产中，活用技术开发出多种产品。最后，自主品牌的建设少不了高科技人才的引进。Amaxy 核心管理人员相当一部分来自美国、马来西亚等不同的国家。这些人才给予 Amaxy 强有力的专业技术支持。为了留下这些外国技术人员，劲霸除了提供丰厚的薪酬与年终奖，还精心设计开发新颖的技术项目，靠极具吸引力的项目吸引留住人才，同时促进企业与人才共同成长。

（2）经济实力。Forbes（2002）指出，对于新兴工业化经济地区企业，品牌战略的实施基础必须建立在强大的资金实力和时间积累之上。如果企业采取自创品牌的战略，将意味着企业要进行品牌与生产的双重投入和双重管理，资金能否长久供应也会影响到企业的转型。首先，建立自主品牌需要加大生产规模、技术创新、高科技设备引进等方面的投入。利用中国庞大廉价劳动力优势，Amaxy 选择在台州建立生产基地，扩大生产规模，节省制造费用。利用美国本土的技术优势，Amaxy 在美国加大了研发投入和技术引进，大幅度提高了品牌价值。其次，还需要加大在营销方面的投资力度，如扩大市场规模、拓展投放渠道、推广品牌形象等，进一步扩展市场规模。劲霸在国内同行业中一直处于领头羊的位置，而 Amaxy 作为劲霸的国际化举措，主攻北美市场。通过亚马逊、海淘等线上渠道与美发沙龙、超市、化妆品店等线下渠道同时销售，既扩大了市场规模，又塑造了品牌印象。

（3）政策支持。政府的产业政策能有效地管理与规范产业外部投资者的进入行为，从而使市场竞争保持在相对合理的范畴内。中国经济已经进入创新时代、精益制造时代、向质量要效益的时代，只有把创新驱动放在第一位，企业才有底气和实力向中高端发展迈进。为此，政府为鼓励"自主创新"出台了具体的激励性政策，在再贷款融资、税收减免、研发资金、商标保护、市场开拓等方面给予优待和扶持。比 2014 年如国务院发布的《关于加快科技服务业发展的若干意见》，完善了高新技术企业认定管理办法，并对高新技术企业的科技服务企业，按减 15% 的税率征收企业所得税。在这些政策支持下，劲霸能够有更多资金用于技术研发，完善自身品牌发展。

（4）创新意识与冒险精神。劲霸企业转型成功，很重要的一点就是企业具有超乎一般代工企业的创新意识和冒险精神。20 世纪 90 年代，国内经济虽然仍处于快速增长阶段，然而劲霸并没有局限于 OEM，而是放眼于国际市场，在为发达国家企业开展 OEM 业务时，通过对生产过程的学习，形成了自己的设计和初步研发能力，最大持股人陈女士在美国创立了自己的洗护品牌 Amaxy，逐渐过渡到了 ODM。起初，Amaxy 只是生产经营了洗护类的化学产品，但是在发展到一定的阶段后，Amaxy 运用劲霸独有的蜂窝陶瓷红外技术发明专利，生产了自主品牌电吹风以及系列相关产品，并在美国市场占据了一定的市场份额。正是陈都女士的这种未雨绸缪，领先市场一步的风险意识，成就了劲霸现在的品牌高度，使其在国际市场上能够顺风顺水，因此企业的转型升级与自主品牌的建设离不开创新意识和冒险精神。

2. 全球价值链下劲霸企业转型升级定位分析

（1）全球价值链分析维度选择。全球价值链分析框架侧重于有形和无形增值的活动过程，从概念和生产到最终使用，提供了关于全球产业的整体图景，分析框架既自上而下（如考察主导企业如何"治理"全球范围的分支机构和供应商网络），也自下而上（如探究这些商业决策如何影响特定国家和区域的经济与社会"升级"或"降级"的轨迹）。该框架有六个维度：①投入—产出结构，描述将原材料转变成最终产品的过程；②地理范围，说明产业如何在全球范围分布以及不同的全球价值链活动在哪些国家进行；③治理结构，解释企业如何控制价值链；④本地维度包括升级，以及通过考察生产者如何在价值链不同阶段进行转变来描述价值链内部的动态运动；⑤本地制度背景，阐述产业价值链通过本地经济和社会要素所嵌入的制度背景；⑥产业利益攸关方，描述价值链中不同的本地行为体如何互动来实现升级。

由于本案例研究的是个案企业的转型升级路径，而非本地、国家和国际层面的条件、政策对价值链全球化的塑造以及产业集群的优势，因此本案例对于劲霸转型升级的研究定位选取了本地"升级"维度。另外考虑到研究主导企业对价值链的治理有助于了解劲霸在全球价值链中所处的位置，该价值链是如何受主导企业治理控制以及如何转型升级摆脱其控制等方面，所以案例还辅助以全球"治理"维度进行分析。

（2）从全球价值链驱动角度分析。动力研究是全球价值链理论的一项核心内容，不同的动力模式对产业升级的影响不同。Gereffi等（1994）在全球商品链研究中首先提出了生产者驱动和购买者驱动两种模式：一是生产者驱动模式，是指由生产者投资来推动市场需求，形成全球生产供应链的垂直分工体系。二是采购者驱动模式，是指拥有强大品牌优势和国内销售渠道的经济体通过全球采购和贴牌加工（OEM）等生产方式组织起来的跨国商品流通网络。随着研究的深入，二元动力机制逐步受到质疑，实际上，同一产业部门内可能存在两种动力机制，甚至同一产业部门内不同价值环节的动力机制也可能不同。我国学者张辉通过对前述全球价值链理论的归纳与总结，从动力根源、核心竞争力、准入机制、产业分类、代表性行业、主导业主、主要产业联系、主导产业结构和辅助体系九个方面对生产者驱动和购买者驱动全球价值链进行了比较，以及描述了中间类型的全球价值链（见表7-1）。

表7-1 生产者、购买者和中间类型驱动全球价值链比较

| 项目 | 生产者驱动 | 采购者驱动 | 中间类型 |
| --- | --- | --- | --- |
| 动力根源 | 产业资本 | 商业资本 | 二者兼有 |
| 核心竞争力 | 技术研发能力 | 营销与设计能力 | 二者兼有 |
| 准入机制 | 形成规模经济 | 形成范围经济 | 二者兼有 |
| 产业分类 | 耐用消费品 | 非耐用消费品 | 二者兼有 |
| 代表性行业 | 软件、家电、汽车等 | 制鞋、服装、玩具等 | 二者兼有 |
| 主导业主 | 跨国企业 | 普通地方企业 | 二者兼有 |

续表

| 项目 | 生产者驱动 | 采购者驱动 | 中间类型 |
|---|---|---|---|
| 主要产业联系 | 投资为主 | 贸易为主 | 二者兼有 |
| 主导产业结构 | 垂直一体化 | 水平一体化 | 二者兼有 |
| 辅助体系 | 重硬件，轻软件 | 重软件，轻硬件 | 二者兼有 |
| 代表性企业 | 海尔、波音、丰田等 | 耐克、沃尔玛等 | 英特尔、戴尔 |

资料来源：张辉.全球价值链动力机制与产业发展策略 [J].中国工业经济，2006（1）.

通过表 7-1 可知，生产者驱动价值链和采购者驱动价值链存在诸多方面的差异，处在不同类型的驱动价值链应当采用相适应的对策来扮演好自身在价值链中的角色。因此劲霸要实现价值链升级向价值链高端攀升，首先要判断它所处的价值链驱动模式，然后采取积极的举措去适应这种驱动模式，从而使企业在该产业的全球价值链中拥有良好的竞争力，获得更好的发展。

劲霸生产美发美容用具，早期这些产品的研发、设计、模块化技术掌握在西方少数跨国企业手中。在全球价值分工体系中，它们掌握核心生产技术，把组装制造的低附加值部分外包给其他生产成本低的国家，所以在早期阶段美发美容用具产业全球价值是由生产者驱动的。而随着时间的推移，一方面代工企业发挥自主学习能力，引进—吸收—再创造在技术上获得一定的成长；另一方面由于美发美容生产技术国际知识溢出生产技术逐渐的透明化，全球范围内美发美容用具新兴企业逐渐增加。因此美发美容用具产业的竞争能力逐渐演变为销售渠道、市场销售、品牌营销的竞争，美发美容用具产业全球价值链也转变为采购者驱动。

根据劲霸所处的现阶段状况，劲霸符合采购者驱动价值链转型升级。如表 7-1 所示，劲霸所处的价值链以商业资本为动力根源，需要在营销和品牌方面构建企业的核心竞争力，占据市场份额以形成范围经济。因此劲霸价值链升级路径需要从生产组装（代工）逐渐向营销（自主品牌）进行升级，从而在价值链中处在驱动的位置。据此，本案例归纳了劲霸的采购者驱动价值链升级路径（见表 7-2）。从表 7-2 中可以看出采购者驱动价值链转型升级是沿着工艺流程升级—产品升级—功能升级—链条升级的升级轨迹进行，其对应的发展阶段分别是委托组装（OEA）、委托加工（OEM）阶段、自主设计和加工阶段（ODM）、自主品牌生产阶段（OBM）及链条转换阶段。

表 7-2　劲霸采购者驱动价值链产业升级路径

| 项目 | 工艺流程 | 产品 | 功能 | 链条 |
|---|---|---|---|---|
| 发展轨迹 | | | | |
| 实证 | 委托加工<br>（OEM） | 自主设计加工<br>（ODM） | 自主品牌生产<br>（OBM） | 链条转换 |
| 经济活动中<br>非实体性程度 | 随着附加值不断提升，经济活动非实体性或产业空心化程度也不断提升 | | | |

资料来源：本文研究整理。

（3）从全球价值链治理结构角度分析。通过全球价值链治理理论可以帮助劲霸进行品牌建设模式选择和定位。全球价值链治理是 Gereffi（1994）提出的。Humphrey（2000）对价值链理论进行界定，即对价值链中的经济主体进行关系及制度的协调处理，对经济活动与价值的非市场化，即价值链中各经济主体的权利关系进行调节。Gereffi、Humphrey 和 Sturgeon（2003）认为，交易的复杂性、交易的可标准性及供应商的能力三个因素的高低决定了治理模式的选择。其中，交易的复杂性指维持一项特定交易所需信息和知识传递的复杂性，复杂性高则交互作用强；交易的可标准性指该信息与知识能够进行标准化处理的程度；供应商的能力因素指供应商与交易要求相关的实际和潜在能力，其决定主导企业管理的应对能力。Gereffi 等（2005）在大量的全球价值链研究上梳理出更加完整的价值链治理类型，提出层级型、关系型、模块型、领导型、市场型五种基本的价值链治理模式。全球治理模式决定因素具体情况如表 7-3 所示。

表 7-3　全球治理模式决定因素

| 治理模式 | | 交易复杂性 | 交易的可标准性 | 供应商能力 |
|---|---|---|---|---|
| 层级型 | | 高 | 低 | 低 |
| 网络型 | 关系型 | 高 | 低 | 高 |
| | 模块型 | 高 | 高 | 高 |
| | 领导型 | 高 | 高 | 低 |
| 市场型 | | 低 | 高 | 高 |

资料来源：陈菲琼，王丹霞. 全球价值链的动态性与企业升级 [J]. 科研管理，2007，28（5）：52-59.

　　根据全球价值链治理模式决定因素，本案例需要探讨作为供应商的劲霸在各个阶段处在什么样的全球价值治理模式中，进而研究其转型升级路径的定位，而其转型升级的实质是从被治理到治理。建立初期，劲霸作为原始设备制造商（OEM），采用的是"代工生产"方式，受托厂商按来样厂商的需求与授权，按照厂家制定的产品规格条件进行标准化生产。这种交易方式的复杂性和可标准性比较高，而在这个阶段劲霸企业作为那些品牌商的产品供应商只承担其中技术含量极低的组装制造环节，供应能力较低。

　　综上所述，在 OEM 阶段劲霸处在领导型的价值链治理模式中，劲霸与其品牌商的权利关系是一种被控制和控制的关系，利润分配交易内容的主动权在品牌商一方。劲霸处在采购者驱动价值中，沿着从组装进口零部件，到负责整个产品的加工生产，再到设计产品，最后到销售自有品牌产品的升级轨迹，完成工艺流程升级和产品升级。与此同时，劲霸完成从 OEM 到 ODM 的转型，供应商能力逐步提高，劲霸从原先的领导型价值链治理模式逐渐转变为模块型价值链模式。在这一阶段，劲霸企业再次积累技术水平，不断学习引入设备，开始研发设计自主产品，供应商与品牌商之间互补性更强。这促进劲霸企业实现功能升级，从 ODM 转到 OBM，实现自主品牌建设，主导所在价值链的治理。表 7-4 是劲霸各发展阶段价值链治理模式升级轨迹。

**表 7-4　劲霸各发展阶段治理模式升级**

| | OEM 阶段 ——▶ | ODM 阶段 ——▶ | OBM 阶段 |
|---|---|---|---|
| 交易复杂性 | 高 | 高 | 根据交易复杂性、可标准性、供应商的能力情况进行主动治理 |
| 交易可标准性 | 高 | 高 | |
| 供应商能力 | 低 | 高 | |
| 价值链治理模式（治理模式升级） | 领导型（被治理）——▶ | 模块型（被治理）——▶ | （主导治理） |

资料来源：本文研究整理。

　　（4）从微笑曲线角度分析。施振荣（1992）提出的"微笑曲线"理论，将价值链分为研发设计、生产制造、组装、营销、售后等过程。以价值链为横轴，以价值为纵轴就得到了一条微笑曲线。在微笑曲线中，附加值更多体现在两端，分别是设计和销售，处于中间环节的制造附加值最低。根据微笑曲线模型，学者提出三种不同类型的制造业转型升级模式，分别是同一产品内分工链上的升级、同一产业内产品结构升级和不同要素密集度产业间升级。

劲霸的转型升级路径大致分为两个阶段：第一阶段是进行一定程度上的美发美容用具产业内产品结构的升级；第二阶段是最主要的同一产品分工链的升级。在第一阶段，以代加工多品类的美发美容用具为主，产品包括电吹风、美发梳、化妆镜、洗脸仪、护足工具等，大多属于劳动密集型产品，产品附加值低。由于代加工业务竞争激烈，劲霸根据市场环境结合自身实际情况，决定优化产品结构。劲霸选取了其中价值含量相对较高、有一定技术要求且产品发展前景良好的产品如（电吹风、卷发棒、直发棒）进行专业代工，在有剩余产能的情况下辅助一些其他代工业务。劲霸的产品结构优化实际上是实现了同一产业内产品结构的升级，从劳动密集型产品升级为技术密集型产品，实现了价值跨越式攀升（见图7-1）。

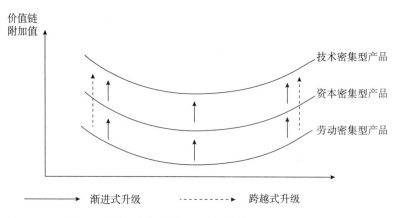

**图7-1　第一阶段劲霸同一产业内产品结构升级模式**

资料来源：本文研究整理。

在第二阶段，劲霸完成的是同一产品内分工链上的升级（见图7-2），通过引进—吸收—再创造来研发设计自主产品，循着简单加工组装→复杂加工装配→关键零部件配套生产→产品研发设计的轨迹，实现从外销OEM阶段到外销以ODM为主阶段的转型，这是向价值链左端攀升的过程。完成该阶段转型后，劲霸不断创新，有发展自主品牌的实力后，循着组装制造→渠道建设→销售→售后服务→品牌维护的轨迹实现外销，实现以OEM为主阶段到ODM和

OBM 并驱阶段的转型，最终实现了自主品牌的创建，这是向价值链右端攀升的过程。

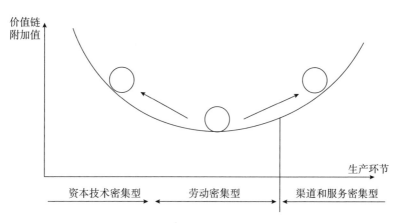

**图 7-2 第二阶段劲霸同一产业内分工链上升级模式**
资料来源：本文研究整理。

3. 全球价值链下劲霸 OEM-ODM-OBM 转型升级路径

（1）劲霸企业转型升级路径诠释。劲霸的转型升级路径可以概括为外销 OEM 阶段—外销以 ODM 为主阶段—ODM 和 OBM 并驱阶段，遵循的是采购者驱动价值链下工艺流程升级—产品升级—功能升级—链条升级的转型升级路径。

在外销 OEM 阶段需要做的是工艺流程升级，不断更新生产设备，用更加高效的生产线替代落后的生产线，进行规模化生产。从成本、效率、质量方面构建在这一阶段的竞争力，也为后续转型发展蓄力。从外销 OEM 阶段转向外销以 ODM 为主阶段对应的是产品升级，以快于竞争对手的速度引进新产品或对旧产品改进设计、改进质量并生产出更高附加价值的产品。特别注重设计研发新产品，通过"引进—吸收—再创造"不断学习发展。劲霸设立设计研发中心，下分研发部、技术部和设计部。三个部门相互协作，为下一阶段的转型升级再次蓄力。从外销以 ODM 为主阶段转向 ODM 和 OBM 并驱阶段对应的是功能升级，指依托自主品牌重构价值链，以此获得价值链领导地位，或者另起炉灶在全球范围寻找新的合作企业，以此重构或组建自己领导下的价值链系统，这通常指迈向价值链更高收益且较难复制的环节，如管理复杂的输入产出网、原始设计、品牌和营销等。在这一阶段，劲霸在保留了国内原有代工业务的同时，更加注重产品附加值的提升，不断更新开发新技术，将研究成果运用至产品上，一步步实现自有品牌的创造。劲霸于 2015 年在美国洛杉矶建立属于自己的品牌 Amaxy，从而实现了价值链的攀升。

目前劲霸处在 ODM 和 OBM 并驱阶段。未来当劲霸想要谋求更长足的发展时，根据采购者驱动的全球价值链升级路径，劲霸可以进行链条升级，从整体附加值较低的价值链转向整体附加值较高的价值链。该转型需要突破性的技术进步以及突破性的创新支持。表 7-5 是案例归纳的劲霸转型升级路径。

表 7-5　劲霸转型升级路径

| 路径 | 代工 | | 自主品牌建设 |
| --- | --- | --- | --- |
| | OEM ⟶ | ODM ⟶ | OBM |
| 活动形式 | 标准化产品的组装、制造，采用品牌商的品牌销售 | 部分开发、设计、制造，采用品牌商品牌销售 | 研发、设计、制造采用自主品牌销售 |
| 升级 | 工艺流程升级 ⟶ | 产品升级 ⟶ | 功能升级 |
| 升级方法 | 对员工进行短期技术培训；更换新设备和流程线；提高各工厂车间的生产配合；严格管理质量 | 注重高级人才的培养；通过引进—吸收—再创造研发设计自主产品；形成自己的知识专利 | 依托自主品牌重构价值链，以此获得价值链领导地位；做好企业内部管理和外部营销 |
| 核心竞争力 | 效率、质量、成本 | 人才、技术、产品 | 渠道、营销、品牌 |
| 注意 | 后一阶段的竞争力是在做好前一阶段的核心竞争力基础上的变化 | | |

资料来源：本文研究整理。

（2）代工与品牌的抉择。黄慧娟（1990）认为，代工企业的业务与建立自有品牌并非互斥，阶段性善用代工策略有助于建立自有品牌的执行。她还认为在发展 ODM 代工业务的同时可以保留一定的 OEM 业务，OEM 和 ODM 并非二者选择其一的互斥关系，因为通过接收订单，一方面可以提高产能的利用实现规模经济，另一方面可以借助稳定的利润来源支撑自有品牌昂贵的行销费用。更为重要的是，企业可以学习国际知名厂商的新经验和相关技术。

但也有一些反对的声音认为，自有品牌与代工互存会对伙伴关系产生负面影响，自有品牌会增加同代工客户冲突的潜在可能性，降低彼此间的信任程度进而影响到自己的代工业务。总之，完全摒弃代工业务发展品牌和代工品牌并行这两种转型方式各有优缺点，企业应当根据自身实际情况择优选择，表7-6是代工企业不同模式的优缺点。

表 7-6　代工企业不同模式的优缺点

| 代工企业模式 | 专业代工 | 品牌兼代工 | 自有品牌 |
|---|---|---|---|
| 优点 | 企业竞争能力弱；<br>营销成本风险低；<br>策略明确，不与品牌大厂竞争 | 企业产量快速成长；<br>品牌产生价格溢价；<br>有利产品线延伸；<br>品牌代工资源互补 | 品牌价格溢价；利于产品线延伸；<br>ODM 选择多样性；<br>策略明确，品牌专销 |
| 缺点 | 价格竞争激烈；受限于设备及文化；<br>易被潜在竞争厂商进入市场；<br>产品附加值低 | 资源投入大且分散；<br>品牌运营与代工品牌商竞争影响代工业务（业务冲突） | 品牌经营风高；<br>需要大量资源投入 |

资料来源：本文研究整理。

劲霸从外销以 ODM 为主阶段转型到 OBM 阶段过程中，基于自身实际情况对代工和品牌进行抉择，走出一条有特色的自主品牌建设路径。劲霸走的是 OBM 与 ODM 并驱的品牌建设路径，2015 年劲霸在美国洛杉矶设立 100%控股的"Amaxy"，同时以劲霸企业为开发设计生产基地，产品由中国代工厂劲霸生产，而洗护用品是其寻找其他代工厂生产的。

（3）劲霸 OEM-ODM-OBM 路径利润分配。劲霸从外销 OEM 阶段—外销以 ODM 为主阶段—ODM 和 OBM 并驱阶段的自主品牌建设路径，其目的是为了实现价值链的攀升，获得更大的盈利，其转型升级的结果也同样反映在企业获得的利润上。因此案例归纳总结了劲霸各个发展阶段所生产的产品（以吹风机为例）在价值链中所取得利益。假设一个由劲霸生产制造的吹风机销售到顾客手中的最终价格是 100 美元，这 100 美元的利益在全球价值链中的利益分配如表7-7所示。

表 7-7　劲霸不同发展阶段价值链利益分配　　　单位：美元,%

| 价值链 | 外销 OEM 阶段 | | 外销 ODM 为主阶段 | | ODM 和 OBM 并驱阶段 | |
|---|---|---|---|---|---|---|
| | 劲霸 | 其他公司 | 劲霸 | 其他公司 | 劲霸 | 其他公司 |
| 研发设计 | | 45 | 20 | 25 | 45 | |
| 零部件和原料 | | 5 | | 5 | | 5 |
| 生产制造 | 5 | | 5 | | 5 | |
| 销售 | | 45 | | 45 | 35 | 10 |
| 价值链利益百分比 | 5 | 95 | 25 | 75 | 85 | 15 |

资料来源：本文研究整理。

从表 7-7 中可以看出，劲霸从外销 OEM 阶段转型到 ODM 和 OBM 并驱阶段，其在价值链中的利益分配实现了从 5%—25%—85% 的增长。夺目的利益增长数据背后，展现了劲霸 30 多年来不断突破发展的艰苦奋斗历程。

4. 自主品牌建设的实施保障

（1）企业资源的整合，服务自主品牌建设。一个企业的资源实力决定了自身产品开发的战略定向问题，而劲霸自主品牌资源整合运用则是其能够提升其竞争力的关键所在。劲霸获得自身品牌的长久持续发展就需要做好资源整合的四大方面。第一，做好企业内外部资源的整合，识别、汲取与企业内部资源相一致的外部资源优点，并做好内外部资源的衔接，使其发挥效能。第二，做好个体资源和组织资源的整合，使零散的个体资源融入组织，提高价值。第三，横向资源和纵向资源的整合。第四，新资源和传统资源的整合。同时要做好企业的资源整合工作当然需要持续稳定的经济支持，假如没有经济实力，那么可能导致劲霸自主品牌建设停滞不前甚至出现危机，充足的资金保障是企业稳健前行的重要条件。另外还需要不断引进大量的专业人才，由其组成新的管理团队实现企业资源的整合。

（2）培育危机管理意识，巩固自主品牌建设。代工企业转型到自主品牌建设的路径将会给企业注入新活力，获得更大的发展机遇，但是同时企业也将会面对更大的危机。一方面比起曾经的代工模式，企业只需根据品牌商的要求，按需生产。自主品牌建设的模式，企业不仅要对市场环境进行实时评估，观察竞争者的动向，预估一切可能发生的危机，还需要对更加复杂的客户进行管理，企业内部的层级部门也更加复杂，任何一环出现问题都有可能功亏一篑。

对于自主品牌建设，代工企业往往对品牌的市场运作规则认知尚浅，管理体系存在多方面的问题，企业危机意识不强，更缺乏相应的预警、评价与监测体系。因此，劲霸需要强化危机管理意识，建立品牌管理危机体系。

（3）提升生产能力，深化自主品牌建设。企业综合生产能力的提升，不仅包括产品质量提升，也包括生产技术水平的提升。产品质量作为品牌发展的首要因素，劲霸自主品牌的建设应继续坚持以严格的质量标准保证产品质量，生产市场需要的产品，提高消费者的依赖度与忠诚度，也减少产品进行外销时贸易壁垒的影响。同时，还要进一步提升产品的服务质量，服务质量的提升能够在一定程度上弥补产品质量的不足，给消费者心中留下良好的印象。生产技术水平的提升为产品质量的提升提供支持，不断提高学习能力，通过合作创新和自主创新、技术人才引进和培育及加大研发投入等方式提升劲霸生产技术水平，不断向知识新领域和学习模式探索前进。

（4）增强法律意识，维护自身合法权益。由于中国贴牌加工企业知识产权法律风险意识薄弱，涉外贴牌行为性质界定和商标侵权判定标准的复杂性以及相关法律法规的滞后性，使得我国涉外贴牌加工企业无所适从。在知识产权的保护越来越受到重视的当下，知识产权纠纷的复杂和繁冗让那些法律意识不强的我国传统代工企业蒙受了严重的损失，同时也影响了它们的生存空间和发展前景。当越来越多的知识产权侵权纠纷的责任归于我国制造业企业时，其声誉就会大打折扣，影响其国际话语权。因此，劲霸应当更加重视知识产权的保护和知识产权维护体系的建设。

## 资料来源

［1］ Kogut, B. Designing Strategies：Comparative and Competitive Value Added Chains ［J］. Sloan Management Review，1985，26（4）：15-28.

［2］ Poon. Beyond the Global Productuion Networks：A Case of Further Upgrading of Taiwan's Information Technology Industry ［J］. Technology and Globalisation，2004，1（1）：130-145.

［3］ 张京红，王生辉. 从代工到创建自主品牌：基于全球价值链理论的阶段性发展模型 ［J］. 经济管理，2010（4）：84-91.

［4］ 池仁勇，邵小芬，吴宝. 全球价值链治理、驱动力和创新理论探析 ［J］. 外国经济与管理，2006，28（3）：24-30.

［5］肖春悦．中小企业自主品牌建设探索［J］．中国商贸，2011（8）：34-35.

［6］白清．全球价值链视角下中国产业转型升级研究［M］．北京：经济管理出版社，2018：69-73.

［7］汪建成，毛蕴诗．从 OEM 到 ODM、OBM 的企业升级路径——基于海鸥卫浴与成霖股份的比较案例研究［J］．中国工业经济．2007（12）：110-116.

［8］吴作宾．从 OEM 到 ODM、OBM，企业升级路径研究［D］．上海：复旦大学，2008.

［9］冯术杰．商标法原理及应用［M］．北京：中国人民大学出版社，2017.

［10］张桂梅，赵忠秀．新兴经济体在全球价值链中的特征及启示［J］．经济纵横，2015（1）：119-123.

［11］陈菲琼，王丹霞．全球价值链的动态性与企业升级［J］．科研管理，2007（5）：52-58.

 **经验借鉴**

通过劲霸的转型升级之路我们看到，对于试图实现转型、发展自主品牌的民营企业来说，以下几条需要关注：①代工企业要拥有长远的战略眼光。企业建设自己的品牌是一个长期的发展过程，劲霸很早就认识到自主品牌的重要性，找到适合自己的发展转型方式，利用其拥有的资源及竞争优势实现全球价值链的转型和升级，利用国际品牌的销售渠道实现自有品牌产品的营销。这些都不是短期能够完成的，劲霸在充分了解企业资源和能力的基础上，分阶段对企业的发展路径进行细致的规划，最终实现自主品牌的创造。品牌建设的问题不在于选择代工与否，而是在于企业是否具有长远的战略目光，有没有建立一种从自发走向自觉的品牌战略。②代工企业要注重创新创造能力的培育。从劲霸的发展过程来看，企业一直倡导打破传统的产品观念，树立创新意识，引入先进的企业管理方式和人才，为企业转型升级做准备。劲霸从人才、技术、设备等多方面为其创新创造提供支持，比如，为研发一种新产品，企业能够投入巨额资金。因此，代工企业要想发展自主品牌，从一开始就要在企业文化中注入创新创造元素。③自主品牌塑造要以顾客需求为出发点，深入了解消费市场。由于劲霸创立的品牌 Amaxy 主要面对北美欧洲市场，所以企业需要设计适合当地居民喜好的产品，为此劲霸深入了解当地居民的喜好，挖掘流行元素融入产品设计中，同时保留一些原本的产品特征。Amaxy 还会与销售地区的专业设计师进行合作，推出的产品深受当地人欢迎。④代工企业转型的前提是技术的不断进步。在企业 OEM—ODM—OBM 过程中，越向上游前进，对企业的要求越高，特别是 OBM 阶段，需要企业拥有自己的营销网络和研发能力。代工企业要利用为发达国家企业开展 OEM 业务的机会，有意识地积累自己的制造经验，逐步增强自主开发和设计能力，提升自身的素质和能力，培养核心竞争力，为最终成功打造品牌打下基础。可以说，从 OEM 到 ODM 再到 OBM 是一个逐步学习、阶段性积累技术和经验的过程，为避免企业以后在产品创新、技术创新和初级阶段少走弯路，同时也要降低开发成本积累技术基础。

　　总体来看，劲霸的自主品牌建设路径比较成功，但在品牌营销和维护方面仍存在一些问题与不足：一是品牌营销与代工难协调，当品牌商与 Amaxy 的销售市场重叠的时候，品牌之间形成了竞争的关系，很可能导致劲霸的代工业务受阻，原有客户丧失。因此劲霸需要协调好代工和品牌自创的关系。二是业务转型适应困难。由于劲霸原先是做代工的，对自主品牌建设以及营销方面的业务不太擅长，又加上是新创品牌，消费者的信任还需很长一段时间的积累。因此 Amaxy 需要做好内部管理和外部营销双方面工作，稳步提高自身的品牌建设能力。

 **本篇启发思考题**

1. 劲霸能够转型成功的关键是什么？
2. 在企业转型过程中，企业家扮演着什么角色？
3. 相比 OEM，企业在 OBM 阶段应该具有哪些不同的能力？
4. 对于不实施转型升级的代工企业来说，如何更好地获得生存空间？

## 第八篇

# "家业"何以常青：
# 代际传承组合创业耦合模式

 公司简介

　　浙江华意汽配有限公司（以下简称华意）是一家集生产、销售、科研为一体的专业生产制冷压缩机气缸座、曲轴箱、机架、曲轴的家族汽配企业。企业生产总投资超过6000万元，拥有5个生产基地，其杭州总部占地面积约18亩，并在安徽芜湖设有分公司。公司最早由现任执行董事柴女士的父亲柴先生在1995年于浙江省杭州市建立，主要以生产仪器仪表配件，依靠杭州当地较为先进的基础设施并参考借鉴同行业的先进技术，从而在仪器制造业站稳脚跟。在经过六七年的技术研发开拓与资金积累，华意的业务实现了从仪器制造业向汽配行业的转型，并在之后几年打通上市企业的销售渠道，为上市企业提供配套的生产服务，如今成为华意主要的业务。随着业务范围的扩大，华意原有生产基地已经无法满足其发展的需求，为调解这一矛盾，华意分别在2008年、2016年、2018年于芜湖、宿迁、安吉设立分公司。华意公司凭借"尊重、自重、团结、进取"的管理理念，"精益求精"的质量方针，"以人为本、信誉至上、质量为先、开拓创新、顾客第一"的经营宗旨，迅速在浙江汽配市场乃至全国汽配市场占得一席之地。除此之外，华意自创建起就坚持"科技兴业"，组建固定的研发团队，以致能够根据客户的需求快速地生产出相应的零部件。迄今为止，华意赢得优良的口碑，成为全国多家知名品牌制冷压缩机厂家指定配套生产供应商。

　　案例梗概

　　本案例以浙江华意汽配有限公司为研究对象，分析了华意代际传承在价值观、管理理念、管理模式中存在的矛盾与包容。通过应用 Churchill 和 Hatten 基于父子生命周期的四阶段传承模型，结合企业实际传承情况，剖析企业的传承之路，同时运用组合创业理论分析二代为接班所做的准备，凝练出企业"代际传承组合创业耦合模式"，并系统地分析了该模式如何推动华意顺利实现代际传承，从而促进企业长期发展。代际传承组合创业耦合模式不仅在华意的传承路径中占据较高的指导地位，同时在该公司的技术创新、管理模式转变等诸多方面都具有显著的推动作用，为中国家族企业的代际传承提供参考。

**关键词：**家族企业、代际传承、组合创业、四阶段模型

 **案例全文**

# 一、代际传承演化过程

在华意公司交接的十年间，创始人柴董事长由一开始的执掌大权逐渐开始权力下放，作为继承人的柴女士也由最初的助理成为企业执行董事，主管企业对外事宜。现阶段的华意正处于企业交接的中间阶段，即虽然父女度过了充满矛盾的艰难期，但离权力的完全转移仍有很长的路。

柴董事长与柴女士在现阶段分工明确，柴董事长思维缜密，有着丰富的企业经营经验，因而负责企业重点项目；而柴女士接受过西方文化的熏陶，了解西方先进的管理模式，并且拥有良好的人际沟通能力，因而负责企业日常行政事务。华意的两代管理者在经历不断的磨合之后，和谐有序地共同管理着这个家族企业，尽管父辈仍拥有绝对的领导权，但现阶段继承人的权力处于继续扩张阶段，交接过程温和渐进，父女齐上阵，打造华意新蓝图。

但是在权力交接的过程中，价值观差异、理念差异、管理方式的不同都阻碍着两代人的成功交接，不过两代人都直面交接中的困难，耐心地沟通，获得彼此的信任。华意的传承演化过程如图 8-1 所示。

1. 代际价值观冲突

由于新老一代价值观的差异，华意的交接工作在初始阶段进行得并不顺利。柴董事长作为一位父亲，他并不希望自己的女儿从事家族企业所涉及的汽配行业，因为他认为该行业每天需要和各种机械零件打交道，对于一个女

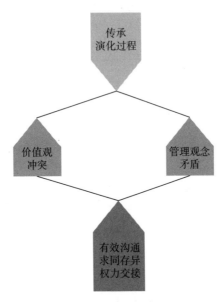

**图 8-1　华意的传承演化过程**

资料来源：本文研究整理。

孩子来说工作环境较为恶劣且压力大。并且在老一辈传统的观念中，女孩子应该拥有一份稳定的工作、一个幸福的家庭，而不适合在生意场上奔波。因而柴董事长更希望女儿考取公务员，每天轻松地工作、快乐地生活。

然而柴女士并不认可父亲的想法，在柴女士的价值观中，女性同样有能力承担起继承家族企业的重任。为了证明自己，柴女士从自主创业开始，刻意避开父亲，自己寻找业务，自负盈亏。在柴女士创业的过程中其出色的业务能力也渐渐得到父亲的肯定，柴董事长最终同意柴女士进入企业。刚进企业的柴女士从基层做起，去一线生产线做跟班，由于缺乏制冷配件方面的专业知识，柴女士便从认识检查工具开始，一点点累积行业知识，逐渐熟悉了企业的一线运作。由此，华意迈出了企业交接的第一步。

2. 传统管理与现代管理间的矛盾

在父女合作管理企业的过程中，柴董事长慢慢给予了柴女士更多的资源和家族企业的管理权，但在这一阶段，两代人之间管理理念的冲突日益显现。柴董事长作为老一代的创业成功者，乐衷于个人魅力与经验型的企业管理方式，然而柴女士自高中起便在国外留学，受外国文化的熏陶，代表的是新型的创二代，具有西方先进的管理理念与方法，但缺乏东方管理的实践经验。理念的不同使得在一些重要决策面前两人会产生极大的矛盾。在柴女士管理企业的过程中，她曾向父亲提出通过股权分配的方式激励员工，但遭到父亲的拒绝，柴董事长认为华意属于一家纯粹的家族企业，他不希望通过分股的方式改变企业性质，这也就导致父女意见的不一致。除此之外，两代管理者在企业品牌建设方面也存在分歧，柴董事长觉得企业本身并不需要大力宣传，只需要扎扎实实提供令客户满意的服务即可。但柴女士作为学习过西方文化的新型管理者，她深知品牌文化的重要性，因此在柴女士管理的这些年，着力打造企业形象，包括设计企业 Logo、宣传袋、网站，柴女士希望通过品牌的重塑提升企业在细分领域的影响力。

两代人在共同管理家族企业的过程中因观念的不同难免产生矛盾，而企业也正是在这种矛盾不断产生、调和、解决的过程中实现了权力的深层交接。

3. 有效沟通，求同存异

尽管在共同管理阶段存在价值观与管理观的差异，但通过父女二人双向的理解、沟通，华意在权力交接的过程中得到了良性发展。

柴女士从基层到完全掌握人事大权这一阶段，与父亲关于企业管理问题产生了冲突，但柴女士与父亲及时沟通逐渐化解了双方间的矛盾。同时，双方经历了这一段时期的磨合与积累，柴董事长也开始认同柴女士的一些新观点，承认自己在一些决策上较为保守，因而有可能错失企业进一步发展的契机。因此在之后企业决策问题上，面对柴女士的提议他会更细致地思考并与她耐心商讨，求同存异，寻找最适合企业发展的路径。而柴女士在提议自己的主张时也从不一意孤行、固执己见。无论是最初的不被认可还是之后掌握了一般管理权再到最后的担任执行董事，她都是用实际行动在证明自己的同时说服父亲。她曾说，非常愿意与父亲沟通关于企业管理的问题，也是在她的努力下，与父亲的沟通变得容易。

两代人的双向沟通、求同存异推动权力实现全面的交接，也使华意的传承之路保持稳定而又不失发展新动力。

## 二、代际传承组合创业耦合模式

为了成功实现企业的交替，实现长久发展，可以采用代际传承组合创业耦合模式，对企业的传承进行规划。耦合模式由四阶段传承模型和组合创业理论构成，两个理论从纵向横向相互补充，助力企业成功实现权力的更替。

1. 华意四阶段传承模型

华意四阶段传承模型以 Churchill 和 Hatten 基于父子生命周期的四阶段传承模型为原型，并结合华意实际传承情况来划分（见图 8-2）。

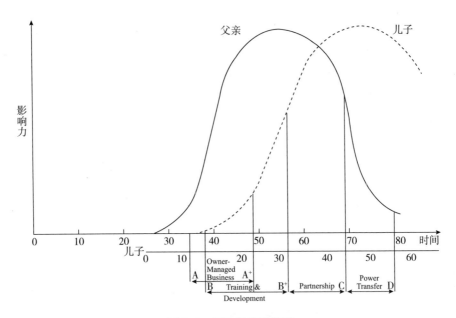

**图 8-2　四阶段传承模型**

资料来源：周裔淳. 家族企业代际传承影响因素及传承模型研究综述［J］.经营与管理，2018（12）.

Churchill 和 Hatten（1997）将父子两代生命周期考虑进企业的代际传承中，提出了四阶段模型，并将企业的代际传承过程划分为：所有者单独管理阶段、新一代的培训和发展阶段、父子合伙阶段、权力传递阶段四个阶段。

该模型考虑了父子两代的生命周期，并首次将家族企业代际传承的研究拓展到二维空间个体生命周期及其对企业运营战略、目标的影响，使团队对家族企业传承过程的复杂性有了更为深刻的认识。

四阶段传承模型的纵轴表示个体对企业日常运营战略和目标的影响力，虽然其并没有对个体的家族和企业角色的影响因素进行识别，但该模型考察了父子两个个体的最传统形式。该模型特征如表 8-1 所示。

**表 8-1 Churchill 和 Hatten 基于父子生命周期的四阶段传承模型特征**

| 阶段分布 | 阶段名称 | 阶段特征 |
|---|---|---|
| 第一阶段<br>（A 至 A'） | 所有者<br>单独管理阶段 | 由企业创始人掌权，一直持续到某位家庭成员加入企业 |
| 第二阶段<br>（B 至 B'） | 新一代的<br>培训和发展阶段 | 新一代通过在企业兼职，加强专业能力、拓展人际关系和管理知识 |
| 第三阶段<br>（B'至 C） | 父子合伙阶段 | 后代已经具备了足够的管理能力，承担起企业管理责任并开始参与企业的部分决策 |
| 第四阶段<br>（C 至 D） | 权力传递阶段 | 管理责任、政策制定和目标设定从一代转移到新一代的阶段 |

资料来源：周裔淳. 家族企业代际传承影响因素及传承模型研究综述 [J].经营与管理，2018（12）.

在对相关研究文献进行整合的基础上，结合浙江省部分家族企业传承的实践经验，本文发现家族企业传承过程演进机理总体上包括过程影响因素、过程阶段、过程监控这三个相互关联的部分。

在过程影响因素方面，团队认为家族企业的代际传承是一个受多因素影响的复杂过程，这些影响因素大致可以归纳为行业、企业、家族和个体四个不同层面。比如，处于相对稳定行业中的企业，由于变化较少，在企业内部的轮岗实习可能会长期有效；而对处于竞争激烈、市场变化迅速行业中的企业而言，来自企业内"老手"的经验可能会成为继承人成长的羁绊。作为传承过程的主要参与者，创始人的传承意愿，继承人的继任意愿和能力，以及两者之间的关系对传承的顺利实施也是非常重要的。

2. 华意四阶段理论

华意作为配件行业排名全国前三的公司，正处于代际传承的重要阶段。在继承人柴女士的影响下，华意在传承前就按照"四阶段模型"进行传承规划，通过前期的成功规划，企业目前处于传承阶段并稳步发展。创始人和继承人在各个阶段里，不断交流，观点融合，现在已经进入共同经营的合伙阶段，正向最后的权力传递阶段迈进。结合案例实情，华意四阶段理论模型如图 8-3 所示。

针对本案例，该理论模型具有以下实践作用：

（1）奠定华意的长期发展战略。四个阶段从创始人单独管理至传承人的

**图8-3　华意四阶段理论模型**

资料来源：本文研究整理。

培训和发展、合伙共同管理，再到最终的权力传递，每个阶段都有一定的模式，具体如表8-2所示。

**表8-2　华意四阶段模式**

| 阶段 | 传承策略 |
| --- | --- |
| 第一阶段 | 由创始人单独管理企业，继承人仅提供建议。而建议取舍的决定权在于创始人　方 |
| 第二阶段 | 继承人进入企业，接触车间及办公日常运营事务，并开始融入华意的内外部人际关系网络 |
| 第三阶段 | 继承人着手管理，创始人将部分权力分配给继承人，继承人可以自由运用所掌握的资源，并作为华意代表人物 |
| 第四阶段 | 继承人正式上任，创始人基本不再参与企业管理，权力成功转移 |

资料来源：本文研究整理。

长期发展战略除了明确企业发展方向以外，也有助于改善华意的组织架构以及人际关系网络。

（2）促进权力的有效转移。据华意继承人柴女士所述，在第一阶段，其与父亲的管理理念有明显冲突，父亲几乎全盘否定其建议，导致了柴女士在一开始排斥接班，并几度独自开创了一系列与华意毫无关系的品牌。

第二阶段，柴女士决心担负使命，进入公司。从长远考虑，柴女士选择先进入车间，了解基层工作，她改变了世俗一贯对女性的偏见，赢得了车间工作人员一致的肯定，该阶段后期，柴女士担任助理，开始接触企业的内部管理与外联事务，逐渐融入华意企业的内外部人际关系网络。

第三阶段，继承人柴女士担任了行政总经理一职，直接参与企业的内部管理与外交事务。柴女士多次作为企业代表与外界进行洽谈合作，强化了企业的人际关系。此外，柴女士借助丰富的家族性资源与可靠的社会性资源，先后创立了杭州海派标准技术服务公司、杭州贝恒制冷科技有限公司、杭州涛米科技有限公司。

虽然华意的代际传承还未进入第四阶段，但权力的转移顺理成章。

3. 华意跨代组合创业

组合创业是家族企业跨代创业的重要方式之一，战略为后续创业行为研究和传承研究提供参考。组合创业是家族性资源传承的有效途径，初次的适应性组合创业是家族提供给继承者特有的试错和经验积累的过程，与后续的选择性组合创业形成一个创业深化体系，一代家族性资源为二代组合创业提供了得天独厚的资源。传承的策略性要素推动二代从适应性组合创业到选择性组合创业再到一代+二代选择性组合创业的转化，促使二代家族性资源不断积累和内化，并进一步驱动家族代际资源的融合与升华（见图8-4）。

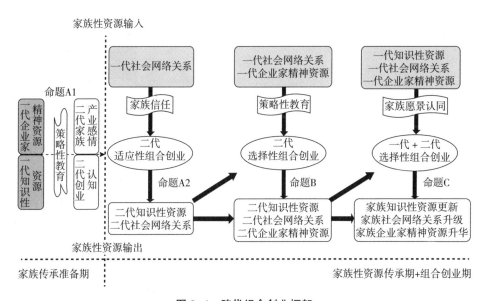

**图8-4　跨代组合创业框架**

资料来源：王扬眉，叶仕峰. 家族性资源战略传承：从适应性到选择性组合创业——一个纵向案例研究［J］.南方经济，2018（10）.

组合创业理论的提出对解决家族性企业传承问题有着战略性的指导作用，从适应性到选择性的创业过程不仅培养了继承人的能力，还让继承人全方面地了解企业，提升自身的继承意愿。根据组合创业理论，现有的家族性资源为二代继承人提供一定的机会，二代继承人开始适应企业；在拥有一些自身的资源与人脉之后选择性自主创业，选择更有收益性的投资机会；二代继承人完全具备能力之后，一代二代合作进行选择性创业，二代逐渐在企业占据主动位置。企业在进行传承时还需根据企业自身发展情况与计划，有针对性地调整理论，更快更好地实现企业代际传承。

家族性企业的数量不在少数，如果这些企业的传承出现问题，就难以实现家族企业的长青发展。如今许多制造企业仍未意识到提前准备继承的必要性，许多企业都是一代匆忙退休导致二代匆忙上岗。

华意就是一个典型的制造型家族企业，并且一代的学习经历与二代的学习经历存在很大的差异，这一特点十分符合组合创业理论的前提条件。华意根据组合创业理论制定了符合企业发展的代际传承路径，从而提高继承人的能力、实现权力的转移，其组合创业模型如图 8-5 所示。

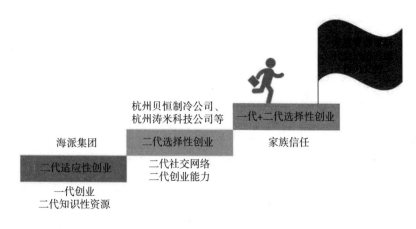

**图 8-5　华意组合创业模型**

资料来源：本文研究整理。

（1）跨代组合创业促进二代成功进入企业。由于成长环境与经营理念的不同，在柴女士毕业准备进入华意之初并不顺利。一代与二代某些理念的不同让继承变得似乎有些困难，于是，柴女士开始了组合创业道路，刚开始二代只能适应性地进行创业，成立了海派标准技术服务有限公司，但创业之路并不是那么顺利。也正是由于创业的艰难，柴女士开始了解家族企业，逐渐认同父亲的一些观念，并且自身也在组合创业过程中不断提高自身的能力。柴董事长也开始慢慢发现柴女士的能力，慢慢接受她的一些现代化的西方管理理念。一代与二代的共同合作逐渐形成一个稳步前行的发展态势，此后二代继承人开始了选择性组合创业活动，在许多创业机会中根据企业发展目标、自身兴趣选择一些企业与项目进行投资，比如贝恒制冷科技有限公司、涛米科技有限公司。

目前华意处于组合创业的完成期，柴女士已成功成为华意企业的高层管理人员，并拥有一定的决策权力，同时也已经具备接手企业的能力。华意利用组合创业理论成功解决两代在企业管理方面存在的差异以及不信任的问题，成功度过一代、二代共同管理的阶段，正缓步迈向最后的权力交接阶段。

（2）跨代组合创业使家族进入新常态增长期。家族企业的跨代持续成长是其获取长效竞争优势的关键，以创业作为传承路径逐步获得认可，组合创业是家族性资源传承的有效途径。家族二代的创业意愿和创业能力是影响家族企业转型升级和可持续发展的关键因素，中国家族企业的传承和创业还处于无意识状态，一代创始人往往在面临退休之际才催促二代接班，二代则匆忙被迫接班创业，对传承和创业的长久性、系统性和战略性缺乏保证。华意在传承中构建创业与传承的互动体系，柴女士有效借助家族性资源获得组合创业的优势，在组合创业过程中提升接班意愿和接班能力，这为传承做好了充分的准备。

（3）组合创业耦合模式推动转型发展。家族企业的跨代成长不仅在于权力与职位的成功更替，更关键的还在于家族二代能否继承上一代的创业精神，打破现有家族企业内外部制度的约束，利用新的知识推行新的战略，实现创业精神的传承。组合创业在一定程度上缓和了家族企业代际传承进程中"传承"与"创新"矛盾，企业在组合创业过程中一代、二代观点、理念、精神不断融合创新，推动了企业的转型升级。

浙江华意汽配有限公司的一代创业者虽然缺乏良好的教育背景，但依靠强烈的创业精神和开拓意识以及自身丰富的实践经验，带领企业成为汽配行业的领先者。而其二代传承人受过良好的教育，有在海外学习的经历，因此她的认知和价值观更接近西方市场经济的价值理念。由于两代观念的异质性，某些方面难以达成共识，二代继承人为了证明自我开始组合创业，在这一过程中，两代人的观点不断碰撞并逐渐相互包容，引领、促进了企业的转型升级。

## 三、代际传承组合创业运作机理

### 1. 代际传承与组合创业关系分析

基于父子两代的生命周期，家族企业的传承过程可以划分为四个不同的阶段；同样的组合创业模式也可细分为四个时期。因此，本文将根据华意企业的实际传承情况对其代际传承与组合创业之间横纵两个维度的耦合发展进行深入研究，从而剖析两者之间的运作机理。

创新引领资源护航，力促纵向耦合。在纵向维度，四阶段理论与组合创业有着极高的耦合度，家族企业的传承过程可以划分为所有者管理阶段、子女培养和发展阶段、父子合伙阶段和权力传递阶段。组合创业理论可细分为创业前期、适应性创业、选择性创业、一代+二代共同创业，在这四个不同的阶段中，两代人在家族企业中的权力地位不断变化。一代创始人所给予二代继承人的家族性资源也日益丰富，而二代继承人的组合创业行为也在这一过程中实现了从适应性组合创业到选择性组合创业的转变。

对于华意来说，现阶段最重要的是实现企业的顺利交接。华意从创始人开始萌发交接想法到继承人通过组合创业证明能力，然后双方彼此沟通、相互信任，最终完成企业的传承，实现其从一代到二代的长青发展。这样的企业传承生命链看似简单，但对华意来说是其长久发展中不可或缺的关键一步。

而企业传承生命链的构建离不开代际传承与组合创业模式的纵向耦合。

（1）家族资源补给，二代继承人播下创业之种。在所有者管理阶段中，创始人往往是直接参与企业运营的唯一家族成员。而在该阶段中，二代继承人尚未进入公司，仍在接受高层次教育，学习前沿知识和理论，但家族所提供的更多是物质资源和教育资源。此时二代继承人虽尚未正式接触企业，但成长过程中受到家庭氛围的影响与熏陶，已初步萌发了自主创业的想法。

（2）二代继承人初入企业，开启组合创业之门。在子女的培养和发展阶段中，二代继承人开始进入企业，对于企业所处行业和自身发展优势有初步的了解和认知。而在该阶段中，二代继承人受家族传承责任、自身能力不足、在企业威信不高和家族企业困局等因素的影响，所进行的往往是一种短期、被动且具有实验性质的适应性组合创业。此时二代继承人自身所拥有的社会性资源较为贫乏，主要依靠一代创始人所积累的大量家族性资源。

（3）代际资源融合，二代继承人担起传承之责。在父子合伙阶段中，创始人基于信任给予子女资源支持，同时二代继承者已具备了一定的企业管理能力，开始承担企业的管理责任，并参与企业的部分决策。但在该阶段中，两代人的企业管理理念和公司发展构想开始出现差异甚至冲突。而二代继承人受限于现实情况，在多数差异中往往最终只能选择服从一代创始人的企业管理决策。不过在这一阶段中，二代继承人出于探索家族企业转型路径、证明自身能力和潜质、追求企业创新发展的动机，开始了一种长期、主动且具有前瞻性的选择性组合创业。在这一阶段，二代继承人凭借自身当下已拥有的家族资源和自身积累的社会性资源，在家族企业原有业务的基础上，运用产业价值链的转型升级，产品开发模式的创新，甚至结合电子商务和金融等新模式发展传统行业。二代继承人通过选择性组合创业在实现自身追求和证明能力的同时，也为家族传统企业的发展做出了新的探索和尝试，有力地促进了家族企业的转型发展。

（4）一代交接大权，家族企业实现传承。如图8-6所示，在权力传递阶段中，创始人开启了自身的退休进程，并逐步淡化自身的运营角色。一代和二代继承人在家族企业的发展愿景和核心价值观中保持一致，家族企业的所有权逐渐向二代继承人传递。此时，一代对于二代继承人处于大胆放手的状态，对于二代继承人做出的战略调整和管理创新持支持态度。而企业员工和家族成员对于二代继承人的能力与威信也秉持着认同态度。在这一阶段中，二代继承人将自身组合创业成果与家族企业传统经营范围进行深度整合，并将组合创业的范围提升至家族企业层面，以此力促家族企业的转型升级。

破障碍借动力，助推横向耦合。在横向维度，本文从耦合动因与耦合障碍正反两方面探究了代际传承与组合创业之间的耦合路径，发现两者虽存在一定的冲突之处，但整体存在良好的耦合度。代际传承与组合创业之间的良性耦合是当下成功实现传统企业转型与传承的策略之一。

对于华意来说，四阶段理论和组合创业模式除去纵向阶段的耦合，还存在着横向互补性的耦合。在阶段的划分上，华意按四阶段理论执行，但是每个阶段目标的成功实现还需通过组合创业模式对其进行丰富与助力，四阶段理论与组合创业的异同如下：

第一，侧重不同致使横向耦合存在障碍。在耦合障碍方面，代际传承侧重于一代对二代的权力传递，一代将自身的社会管理网络和企业技术、人力资源交接给二代继承人，在这一过程中需要二代继承人保持一代的管理策略和发展构想，以维持企业的长期发展稳定。而组合创业侧重二代通过前期借

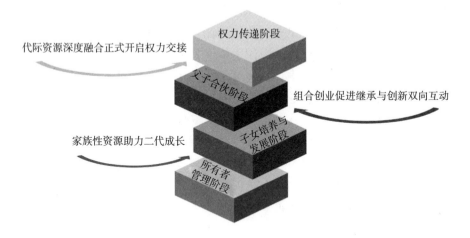

**图8-6　代际传承与组合创业关系分析**

资料来源：本文研究整理。

用家族资源实现创新与突破，构建自身的产业服务理念和社会关系网络，并针对家族企业实现管理架构调整和长期发展战略部署。但由于家族企业中的众多中层管理干部大多由创始人一手培养，同时企业员工在前期对于二代继承人的能力和威信缺乏足够的认同，若二代继承人在组合创业的过程中无法协调好各方的利益，则容易导致企业元老级员工的离职，使得优质人力资源的流失，影响企业的长期稳定发展。

第二，互为基础推动横向耦合破障碍。两个理论在耦合动因方面，企业代际传承四阶段的顺利进行需要组合创业给企业注入新兴力量，同时组合创业的成功开展也需要企业代际传承所给予的大量家族性资源的支持。在企业代际传承四阶段的过程中，一代创始人所给予的知识性资源、社会网络关系和企业精神在随着时代发展和行业变化后，原本的独特性和优越性日益弱化，但为了实现企业的长期发展，则需要二代继承人将自身所接受的理论与知识融入组合创业的过程中，将先进管理理念、技术创新体系和创新创业精神注入家族企业的发展之中。而二代继承人在进行组合创业的过程中，仅仅凭借自身所接受的高层次教育和有限的社会性资源难以实现在保持家族企业原有商业利益的同时延伸和扩大家族产业链，因此二代继承人在从适应性组合创业到选择性组合创业的过程中需要创始人代际传承所给予的大量家族性资源的支持，以此帮助二代继承人顺利完成组合创业（见图8-7）。

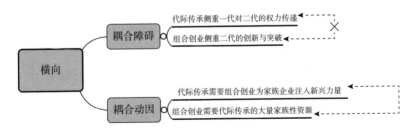

**图8-7 代际传承与组合创业横向耦合分析**

资料来源：本文研究整理。

2. 代际传承组合创业模式具体运作

目前华意正处于企业代际传承的第三阶段，并向最后阶段过渡。华意的代际传承组合创业模式取得了非常好的成果，而其具体运作模式正体现在经营理念、企业管理模式、产品研发和人才培养四个维度（见图8-8）。

**图8-8 华意企业"传承+创业"耦合关系**

资料来源：本文研究整理。

（1）代际传承组合创业模式推动经营理念优化。华意企业一直秉承精益求精的质量方针，本着以人为本、信誉至上、质量为先、开拓创新、顾客第一的宗旨，坚持持续改进，满足顾客要求，从而打造行业一流品牌。这些理念一直以来都是华意创始人所推崇和坚持的，它针对制冷压缩机气缸座、曲轴等公司最基础的核心资源，始终以优异的品质、完善周到的服务、准确及时的交货，赢得了客户的高度认可，让华意成为国内多家知名品牌制冷压缩机厂家的战略合作伙伴，最终成功在制冷压缩机核心部件的细分领域做到了全国前三。继承人柴女士在原本父亲相对单一的经营理念中融入"共赢"的新理念，她积极参与各类政府组织的公益活动，在提升华意品牌美誉度的同时，也为生活困难人群带去了温暖和帮助。柴女士在商会各类活动中的出色表现，帮助她搭建起了良好的关系网络。

（2）代际传承组合创业模式推动企业管理模式现代化。华意在代际传承的过程中，成功改变华意原本落后的管理模式。华意作为一家加工型企业，产品质量管理一直处于其发展的核心地位。随着市场的不断发展，客户对于产品的质量、价格和交货时间的要求越来越严苛。在这场制造业的转型之战中，华意如何降低企业内部成本、满足顾客对产品质量要求以及缩短交货时间变得越来越重要，而管理模式的改革对于降低制造成本、消除各项损失并确保产品而言尤为关键。柴女士在组合创业的过程中认识到现代化企业管理模式的重要性，并在不断的实践中积累了丰富的管理经验。针对华意自身的特色，柴女士将通过选择性组合创业建立和发展起的杭州海派标准技术服务公司所积累的经验融入华意的发展转型中，推行以质取胜的质量管理战略，全面导入和推行 ISO9001 质量管理体系和 ISO14001 环境管理体系，以实现公司"管理上水平、质量上档次、效益上台阶、企业上规模"的经营目标。

（3）代际传承组合创业模式推动产品研发创新。在代际传承组合创业模式下，一代+二代选择性创业成果实现了各类资源的有效整合，提升华意的市场动态捕捉能力，加快技术升级，从而成功降低华意的经营成本。当下华意自主研发的生产设备和检测工具的性能和质量都居于同行领先水平，拥有多项专利和发明，并可根据客户的特殊要求进行设计和开发制造，以实现客户的需求。如今的华意已成为技术改造先进单位、安全生产先进单位和浙江二级企业。

（4）代际传承组合创业模式推动人才培养规范化。华意在早期的发展过程中，由于企业规模较小和人才培养意识的滞后，企业缺乏规范化的人才培养体系。因此基层员工的流动性也较大，华意在人力资源方面的成本一直较高。继承人柴女士在开展适应性组合创业活动过程中发现了这类问题。在享有更多管理权力和完全掌控人事权后，她便提出新的人才培养模式。同时，柴女士积极开展企业党支部的建设，坚持以党的指导引领企业发展。通过吸收人才、发展人才、留下人才以此为华意的发展提供高质量的人力资源。

## 资料来源

[1] 王扬眉，叶仕峰．家族性资源战略传承：从适应性到选择性组合创业——一个纵向案例研究 [J].南方经济，2018（10）：49-68.

[2] 周裔淳．家族企业代际传承影响因素及传承模型研究综述 [J].经营与管理，2018（12）：28-33.

[3] 胡玮玮．浙商家族企业隐性知识代际传承矩阵：基于多案例的探索性研究 [J].商业经济与管理，2014（1）：50-58.

[4] 李斯嘉．基于映像理论的家族企业传承四阶段决策机理 [J].特区经济，2019（4）：123-128.

[5] 坚持优质服务，争创卓越品质 [EB/OL]. http://www.hzhyqp.com/.

 **经验借鉴**

本案例在进行理论分析的基础上，深入研究了浙江华意汽配有限公司代际传承行为，探讨其逐步实现传承的奥秘。本案例从华意企业的价值内核、企业改制、权力构建、品牌活化等多方面进行探索，揭示了家族企业代际传承的内在机理。代际传承组合创业耦合模式正是根据案例实况并融合"传承+创业"而推导得出的一个象形模型，它不仅契合华意企业的发展现状，同时具有一定的可借鉴性，能为同类家族企业提供传承发展的新思路。华意代际传承主要经验：①生命周期传承模型实现权力有效转移。基于父子生命周期四阶段的传承模型在考虑父子两代生命周期的同时，本文首次将家族企业代际传承的研究拓展到二维空间，使得个体在不同阶段产生的影响力得以量化。②组合创业形式催化企业转型升级。组合创业是家族性资源传承与更新的有效途径。在其发展的四个阶段，家族性资源与社会性资源产生不同程度的交互作用，从而推动组合创业从适应性到选择性的转变，最终实现企业的转型升级。③创新传承路径，推动传统制造企业实现长青。家族企业构建与直接交接、寻找职业经理人等传统企业代际传承模式不同的传承路径——基于企业代际传承生命周期的组合创业模式（代际传承与组合创业耦合路径），让一代创始人的家族性资源作为延伸和扩大家族产业链的支撑，二代继承人先进

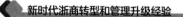

的管理理念、技术创新体系和创新创业精神等社会性资源作为补充，注入家族企业的发展之中，或能实现企业优势的最大化。

## 本篇启发思考题

1. 家族企业代际传承的动因是什么？

2. 父子生命周期的四阶段传承模型（Churchill and Hatten）对中国家族企业代际传承有何借鉴作用？

3. 家族企业代际传承主要有哪些方面的冲突？

4. 华意代际组合创业模式有何特点？

5. 家族企业代际传承对企业管理创新有何影响？

## 第九篇

# 点滴累积，成就卓越：
# 6S 管理模式赋能金舟科技的创新之路

 **公司简介**

　　杭州金舟科技股份有限公司（以下简称金舟科技）是一家生产热处理设备和热处理自动生产线的知名企业，其产品涵盖了国内轴承、五金工具、链条、标准件、冶金等多个行业。企业位于素有"上有天堂，下有苏杭"美誉的杭州，占地 80 余亩，设有新产品试制、工艺性能试验、性能验证考核的生产基地。金舟科技初成立于 1988 年，正式成立于 1995 年，在短短三十余年里，从一个小小的热处理生产线生产企业，发展为一家集研发、生产、销售为一体的热处理技术创新优秀企业。金舟科技技术团队具有多年产品开发经验，专业组成合理，核心技术人员团队稳定，在热处理生产线的整体结构设计、机电一体化、检测控制、自动化程度、工件材料处理工艺等方面不断创新积累，研发能力较强，并已形成科学高效的研发过程管理制度。此外，公司开展开放式创新，在内部不断挖潜的基础上，与浙江大学等著名高校、科研单位建立合作关系，多方面收集技术前沿信息，并形成自主的技术创新路线。秉持着"余热利用，节约能源"的核心竞争力以及"以顾客需求为关注焦点"的经营理念，金舟科技产品综合经济指标已在全国热处理设备行业中排名前十位，浙江省第三位，成为国内同行业中的首选厂商。公司目前的战略是主要满足国内市场的需求，同时在保护好知识产权的前提下尽快增加产能，积极参与国际市场竞争，在与国外著名跨国炉业公司博弈中壮大自己。

**案例梗概**

通过到金舟科技实地调研与走访以及对其企业管理制度的梳理，本案例着力分析了金舟科技 6S 管理模式的整理、整顿、清扫、清洁、素养、安全六个方面的运行及其成效，从理念、技术、制度三个方面探讨了 6S 管理赋能金舟科技创新的路径，从实施条件、实施步骤和方法以及运行机制三方面解密 6S 管理赋能金舟科技创新成功的主要原因，即规范化的制度、健全的组织结构、良好的品牌效应等实施条件；成立 6S 运行机构、确定运行方针、设计运行方案、培训与宣传、实施运行方案、运行评估与反馈等实施步骤；定点摄影、红牌作战、目视板作战、目视管理、定置管理、三现主义、标准化等实施方法以及高度信息化的质量监管机制、内外结合的考核与反馈机制、严谨合理的激励机制。总之，本案例在总结 6S 管理赋能金舟科技创新成功经验的基础上，既可以进一步提升金舟科技的管理水平，也可以为其他类似企业提供有价值的借鉴。

**关键词**：6S 管理；赋能；金舟科技；创新；案例研究

**案例全文**

## 一、金舟科技 6S 管理

金舟科技自建立以来始终将创新、规范作为自己的可持续发展目标，致力于打造学习型组织。金舟科技的发展离不开现场管理，它借鉴了日本的 5S 管理模式，并在政府政策的推动下，加入了具有自身特色的"安全"要素，形成了 6S 管理模式。

1. 金舟科技 6S 管理的渊源

金舟科技实施的 6S 管理起源于日本的 5S 管理，5S 管理是一种现代企业的管理模式，包括整理（SEIRI）、整顿（SEITON）、清扫（SEISO）、清洁（SEIKETSU）、素养（SHITSUKE）五大要素[①]。1986 年有关 5S 的首本著作问世，日本现场管理受到了极大的冲击，在 20 世纪 80 年代掀起了 5S 管理学习的浪潮。1955 年，为了确保作业空间和生产安全，日本开始全面推行 2 个"S"，即整理、整顿。后因生产和品质控制的需要又逐步提出和增加了 3 个

---

① 贾凡等. 5S 现场管理理念在安全生产中的应用 [J]. 科技风，2019 (12).

"S"，即清扫、清洁、素养，使其应用空间及适用范围进一步拓展。

6S 管理发展于美国，包括清理（SORT）、整理（STRAIGHTEN）、清洁（SWEEP）、保持（STANDARDIZE）、不断改进（SUSTAIN）、安全（SAFETY），同日本 5S 管理本质上都是为了现场管理优化，提高生产效率、保证高度的生产安全。我国在原来日本的 5S 基础上增加了安全（SAFETY）要素，形成 6S 管理。其中最具代表性的是海尔的 6S 大脚印法，海尔突出安全（SAFETY）要素在企业现场管理的重要性，从而保证企业产品质量的提升以及良好企业氛围的营造①。6S 管理发展历程如图 9-1 所示。

| 起源于<br>日本 "5S" | 发展于<br>美国 "6S" | 中国 "6S" |
|---|---|---|
| 整理（SEIRI）<br>整顿（SEITON）<br>清扫（SEISO）<br>清洁（SEIKETSU）<br>素养（SHITSUKE） | 清理（SORT）<br>整理（STRAIGHTEN）<br>清洁（SWEEP）<br>保持（STANDARDIZE）<br>不断改进（SUSTAIN）<br>安全（SAFETY） | 整理（SEIRI）<br>整顿（SEITON）<br>清扫（SEISO）<br>清洁（SEIKETSU）<br>素养（SHITSUKE）<br>安全（SAFETY） |

**图 9-1　6S 管理发展历程**

资料来源：本文根据相关资料整理。

2. 金舟科技 6S 管理的内容

金舟科技紧跟现场管理发展潮流，将 6S 中六个管理元素融入企业的管理发展文化中，打造金舟科技特色的 6S 管理模式（见图 9-2）。

（1）整理：交通指挥官。"整理"是进行 6S 管理的初始环节，是金舟科技进行车间、仓库现场管理的基础工作，也是金舟科技顺利推行 6S 的前提。"整理"的目的在于腾出空间，空间活用，防止误用、误送，塑造清爽的工作场所。"整理"就像一个交通指挥官，区分要的和不要的，不要的清除掉，把空间腾出来。金舟科技"整理"的六大推行要领如图 9-3 所示。

对工作场所（范围）进行全面检查，包括看得到和看不到的地方，检查覆盖面积广，涉及范围大，对公司上下进行全方位的检查。这一过程中金舟科技制定"要"与"不要"的判别基准，清除不需要的物品的同时，对有用的物品进行盘查整顿，对于废弃物，金舟科技制定相应的废弃物处理方法，

---

① 王刚. 5S 现场管理法应用及趋势探讨 [J]. 现代营销经营管理，2019（2）：4-6.

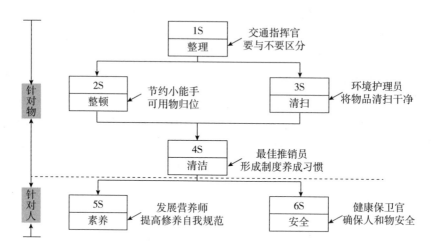

**图 9-2　金舟科技 6S 管理运行**

资料来源：金舟科技提供。

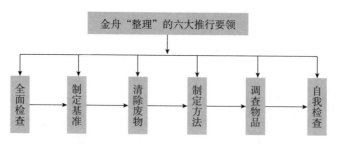

**图 9-3　金舟科技"整理"的六大推行要领**

资料来源：金舟科技提供。

针对有用物品，金舟科技派专门人员调查有用物品的使用频度，决定日常用量，在此基础上要求全体员工每日进行自我检查，在检查中规范自身行为，形成工作规范。①

在区分"要"与"不要"的物品上，金舟科技制定了一定的判定标准。金舟科技对必需品和非必需品的区分和处理方法进行了详细记录，关于必需品和非必需品的区分与处理方法如图9-4所示。

金舟科技在"整理"上还进行了一项重要工作，调查需要物品的使用频

① 金舟科技公司《6S 培训手册》。

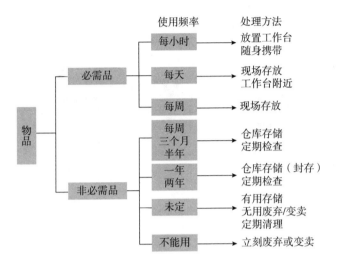

**图 9-4　必需品和非必需品的区分与处理方法**

资料来源：金舟科技提供。

度，决定日常用量，每日自我检查，形成一定的制度和标准。金舟科技总结了因不整理而发生的浪费，包括空间的浪费、库存管理或盘点时间的浪费等。以浪费的反思促进成本的节约，"整理"成为金舟科技在 6S 管理中推动企业走上创新之路的第一步。

（2）整顿：节约小能手。"整顿"是"整理"的进一步延伸，是"整理"要求的进一步细化，金舟科技对"整顿"概括得出两大重点：一是"整顿"要做到任何人特别是新员工或其他部门都能立即取出工作所需要的东西；二是对于放置处与被放置物，要能即取即用。两大重点反映了"整顿"的目的在于使工作场所一目了然，消除找寻物品的时间，为 6S 管理的顺利进行奠定了节约基础。金舟科技"整顿"三大推行要领如图 9-5 所示。

（3）清扫：环境护理员。"清扫"使现场呈现无垃圾、无污脏的状态。金舟科技深刻认识到清扫要用心来做，它是品质控制的一部分。金舟科技高质量高标准清扫能够净化工作场所，保持工作场所的明亮、整洁，从而提高员工工作幸福感。清扫为 6S 管理的顺利进行奠定了环境基础。

杜绝污染源和规范清扫基准成为金舟科技清扫的两大目标，在此指引下，金舟科技做了不同方面的规定，金舟科技"清扫"的两大目标如图 9-6 所示。

（4）清洁：最佳推销员。"清洁"是将"整理""整顿""清扫"前 3S

**图9-5 金舟科技"整顿"的三大推行要领**

资料来源：金舟科技提供。

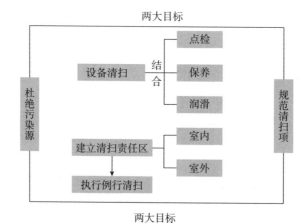

**图9-6 金舟科技"清扫"的两大目标结构**

资料来源：金舟科技提供。

规范化、制度化，维持其成果并定期检查进行考核的一个过程。清洁一是促进公司的生产制造活动，从"形式化"走向"行事化"进而达到"习惯化"；二是吸引更多人来参观学习，提高企业知名度；三是环境清洁明朗更能留住优秀员工。落实前3S工作，制定奖惩制度并加强执行，领导带动全员是金舟科技三大推行要领。金舟科技"清洁"工作如图9-7所示。

（5）素养：发展营养师。"素养"是金舟科技企业发展的关键环节。基于工作人员的平均文化素质水平较低的企业实情，金舟科技将员工的素养分为两大板块：基础板块和技术板块。基础板块的员工负责产品的生产制造环

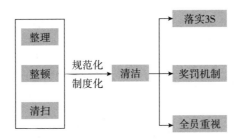

**图 9-7　金舟科技"清洁"工作**

资料来源：金舟科技提供。

节，坚持"人人依规定行事，养成好习惯"的准则，养成遵守规章制度的良好习惯，最终提升全员品质达成。在技术板块，金舟科技以"技术创新"为导向，通过校企联合、出国进修等方式提升技术人员的专业素养。对员工素养的重视使得金舟科技在发展路上不断补充"营养"，进行全面可持续创新发展。金舟科技将"素养"基础板块概括为五大推行要领，如图 9-8 所示。

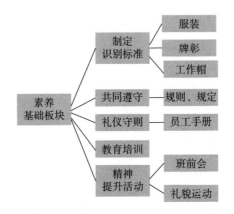

**图 9-8　金舟科技"素养"基础板块的"五大推行要领"**

资料来源：金舟科技提供。

（6）安全：健康保卫官。安全是金舟科技发展的重要保障。金舟科技积极响应政府安全生产的号召，在安全意识、安全设备、安全检查、安全产品等方面做细做优，通过与员工签订安全保障书，保护员工的生命财产安全，通过消防安全演练、生产操作流程的规范化来提升员工的安全素养，通过给一线生产员工配备手套、防尘面罩、工装、绝缘鞋等装配保障员工在做工过程中的安全，通过设置车间安全、消防、职业卫生负责人来保障安全检查的到位。高度重视产品质量，2001年通过ISO9001质量管理体系认证，设有质量部门专兼职质量管理人员及售后服务人员12人，对其不定期进行培训，增强其质量意识，质量的保障也就增强了产品的安全性。金舟科技车间安全、消防、职业卫生负责人分配如表9-1所示。

**表9-1 金舟科技车间安全、消防、职业卫生负责人分配**

| | |
|---|---|
| | 钣焊组（7人） |
| | 网带综合组（1人） |
| 电炉车间 | 前期准备组（1人） |
| 负责人（1人） | 砌炉组（1人） |
| | 喷漆组（1人） |
| | 安装调试组（1人） |
| | 内勤组（1人） |
| | 机修组（1人） |
| 金工车间 | 钳工组（5人） |
| 负责人（1人） | 风机组（1人） |
| | 车工组（1人） |
| | 打孔画线组（1人） |

资料来源：金舟科技提供。

3. 金舟科技6S管理的成效

（1）提高管理水平，优化企业形象。金舟科技的6S管理使得企业管理更加具有规范性，极大程度地提升了金舟科技的管理水平。金舟科技的6S管理模式创造了良好的工作车间环境，提升了企业的内外部形象。良好的企业环境带给员工的是一种安全感，提升各岗位员工的主人翁意识，从而使企业的内部自我形象不断提升。

（2）创造良好氛围，增强员工归属感。统一的着装、整齐的机器摆放、材料堆放合理、办公室和车间整洁明亮，为企业的生产创造了一种良好的企业文化氛围，使广大员工形成一种主人翁意识，让工作区域像家一样，提升了员工的幸福感，增强了员工的归属感。

（3）提升员工素养，强化生产安全性。以 6S 管理为基础展开各种各样的培训，上至企业高层管理者，下至一线员工，6S 管理的实施对全员来讲是素质提高，员工工作更加节省时间，工作过程更加顺利，潜移默化地提升金舟科技员工的工作幸福感。安全培训的学习会使车间工作的工人提高安全意识，保证员工的生命财产安全。

## 二、6S 管理赋能金舟科技创新的路径研究

创新是金舟科技发展的基本动力，为了进一步揭示 6S 管理如何促进金舟科技的创新发展，这里将从以下三方面深入分析 6S 管理赋能金舟科技的创新路径。

1. 赋能理念创新路径研究

金舟科技 6S 管理的与时俱进，不仅是车间现场管理的延伸和发展，更是实践指导理论创新的一大进步。6S 管理理念是现场管理理念的重要组成部分，从人员管理、材料设备管理、作业方法管理、环境管理等方面推动现场管理理念的创新；现场管理是一种集中管理方式，在不同层次的管理中精益求精，现场管理理念的创新会持续优化精益生产管理理念，推动制造企业的工匠精神深入人心；精益生产管理不仅是对企业成本的节约，更是企业在节能环保路上不断的自我升级，精益生产理念的创新在很大程度上推动了节能环保理念的丰富和完善。6S 赋能理念创新路径如图 9-9 所示。

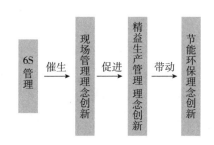

**图 9-9　6S 赋能理念创新路径**

资料来源：本文研究整理。

（1）现场管理理念创新。6S 管理通过优化人员管理、完善材料设备管理、升级作业方法管理、优化环境管理来推动现场管理理念的创新。

"素养"的重视有利于人员管理的优化，材料或设备独特的管理方式有利

于提高生产效率，保障"安全"、严格管理促进现场管理人性化，优化企业环境有利于提升企业内外部形象。

（2）精益生产管理理念创新。精益生产管理理念强调集中管理，使企业在管理过程中实现思维上的转变，保证各个方面的有效管理。自金舟科技实施 6S 管理模式后，管理人员加速推动精益生产管理理念在企业管理中的运用，有效地提高了车间生产效率，减少了企业在人力、物力等方面的支出。具体表现在：

明确管理目标与制度。在开展精益生产管理工作过程中，金舟科技首先确定目标并完善相关制度。公司发行了 6S 推行手册使得工作人员按照要求和规范完成任务，降低生产成本，提高了工作效率。

减少非必需劳动力消耗。流程标准化使一个员工可同时承担多项工作，让劳动价值最大化。设计人员优化生产环节和流程进行，保证工作效率最大化。

培养综合素养人才。金舟科技努力发掘潜力者，招聘外来人才坚持人岗匹配原则。内部选拔采取相应激励机制，着重培养有能力者，提高精益生产管理的实效性。

（3）节能环保理念创新。节能环保对于企业可持续发展至关重要。金舟科技通过新型技术的研发来适应公司战略的发展。提倡节能环保的新兴理念，研发团队根据该理念研发出了生产线上的余热利用系统，该系统使能源被充分利用，减少了资源浪费。目前，金舟科技全面应用节能设备，保证从根源上降低能源消耗、减少环境污染。

公司进行环保宣传，提高员工可持续发展意识。定期组织开展节约环保的宣传教育活动，组织员工观看相关的新闻播报，普及绿色环保政策。

生产过程绿色环保化。首先严格控制生产材料，使其达到最佳效果，通过对生产设备的严格管理来避免设备出现跑、滴、漏等现象，提升设备的运行效率，降低设备的能源消耗，以实现绿色节约环保。

2. 赋能技术创新路径分析

6S 管理不仅是一种管理方法，也是一种技术，6S 管理首先推动金舟科技整个管理技术的革新与进步。作为软技术的革新，必将催生金舟科技生产技术的进步与更新换代，生产技术创新和管理技术创新是企业可持续发展的两条腿，缺一不可（见图 9-10）。

金舟科技实行 6S 管理给员工和企业创造了更好的内外部环境，促使他们

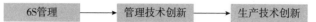

**图 9-10　6S 管理赋能技术创新路径**

资料来源：本文研究整理。

进行管理技术创新。6S 管理推动金舟科技实现了管理标准化，并逐步建立了完整的管理标准化体系。管理技术创新倒逼生产技术的创新。实现管理技术创新之后，重中之重则在于硬技术是否跟得上。金舟科技开始不断探索新的生产技术，利用互联网技术设计自己的 ERP 系统，实现实时监测以保证售后维修效率，利用物联网技术实现从产品到客户的全程服务。因此，金舟科技通过不断的生产技术创新，实现了管理技术的匹配，最终促进企业实现两条腿走路的可持续发展。

3. 赋能制度创新路径分析

6S 管理不仅是一种管理方法，也是一种管理制度。金舟科技采用 6S 管理方法，势必带来管理制度的变革与创新。金舟科技必须逐步建立与 6S 管理相适应的岗位管理制度体系，相应地，也有了创新金舟科技绩效管理的可能和条件。但绩效管理创新真正落地，还需要与之配套的薪酬分配制度。基于前述三项基本内部管理的制度创新，金舟科技整个内部管理制度体系的创新成为其可持续发展的基本趋势。因此，赋能制度创新的路径如图 9-11 所示，形成了一个循环的完整结构，呈现出金舟科技制度创新的动态过程。

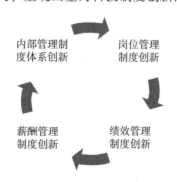

**图 9-11　6S 管理赋能制度创新路径**

资料来源：本文研究整理。

（1）岗位管理制度创新。6S 管理下的岗位管理制度不同于以往的岗位管理，金舟科技作为一家知名制造企业，车间生产是重点，其结合自己企业的独特性，将职位的细分具体到车间班组上，热处理设备和热处理生产线具有体型大、不易搬动的特点，因此，金舟科技采取"设备不动、班组动"的生产方式，班组的岗位设计责任到人，使 6S 管理责任落实到人。

（2）绩效管理制度创新。首先，建立 6S 管理考核卡，分别是员工当班日考核卡、当日考核排名卡、逐日考核月汇总卡，根据员工每月考核结果和出勤情况，考核出实际得分，且总分与员工当月工资挂钩。其次，金舟科技出台了"员工绩效+6S"考核标准以检验员工工作完成情况。每一要素下都设置了多项考核内容，考核人员会仔细根据员工每一项内容的完成情况进行打分，最终将所有员工的分数汇总，给予绩效优异者通报表扬和现金奖励。

（3）薪酬管理制度创新。首先，在福利日益社会化的今天，金舟科技突破传统的薪酬管理模式，注入更多柔性化，如带薪年假、福利计划等多元薪金支付模式，满足员工不同层次的需求。其次，企业更新薪酬管理模式，采用"固定工资+绩效工资+奖金"的工资结构，绩效工资与员工每月的 6S 考核分挂钩，基准分为 100 分，实行扣分机制。每位员工的每月工资=该岗位固定工资+考核分×岗位系数+奖金。

（4）内部管理制度体系创新。在上述三个基本内部管理创新的基础上，金舟科技的内部管理制度体系进一步得到完善与创新。首先是战略管理制度创新。战略管理体系以战略管理为主线，推动整个 6S 体系的有效运转。其次是全面预算制度的创新。全面预算体系由集团财务部负责推进，战略规划和经营计划明确之后，把年度经营计划使用财务语言细化分为预算表。最后是审计制度创新。6S 体系下的内部审计是多维度的战略综合审计，是战略管理的监督检查环节和管理控制系统的再控制环节。

## 三、6S 管理赋能金舟科技创新成功的深度解密

6S 管理的构建需要考虑企业自身的定位与条件是否合适，一般来说，6S 管理的应用多适用于以现场管理为主的生产制造业，金舟科技作为制造企业，离不开对车间、仓库的现场管理。在达到条件之后，企业首先是针对自身特点进行 6S 管理的设计，核心是提高员工规则意识，从企业生产需求出发，对"要"和"不要"的物品进行分类统计，再根据自身情况设计一套定点定位的管理制度，运用信息化平台进行监控，以确保 6S 管理的高效运行。同时，企业在推进 6S 管理的过程中建立了合适的激励机制，实行了不同种类的管理

制度，为 6S 管理的顺利进行和推广奠定了坚定的人员基础，也成为 6S 管理赋能金舟科技创新的内在基因。

1. 有效的实施条件是保证创新成功的关键

金舟科技的规范化制度为其实施 6S 管理奠定了坚实的基础，其内部的功能型组织结构成为 6S 运行的内部保障，同时金舟科技靠着高质量产品和高素质售后服务赢得了良好的口碑，形成了良好的品牌效应进一步为 6S 运行提供了外部保障。6S 实施条件如图 9-12 所示。

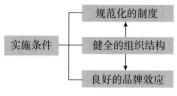

**图 9-12　6S 实施条件**

资料来源：本文研究整理。

（1）规范化的制度。首先，金舟科技根据车间的具体情况制定了详细的 6S 管理推进战略：成立专门的 6S 推进小组，拟定推进方针及目标，推行计划及实施办法，再通过教育以及宣传让员工了解并强化对 6S 重要性的认知。除此之外，为了能够更有效地推行 6S 管理，分别采用局部推进和全面推进两种方式由浅入深、由细致到全面的推行方式。此外，6S 推进小组会不定期检查巡视现场，了解各部门的具体开展情况以及针对不同部门遇到的特殊问题进行专门解答，保证扫除 6S 管理推行过程中的全部障碍。

其次，金舟科技针对管理 6 大要素具体制定了每个要素的推进要领。例如，在整理层面，制定"要"与"不要"的判别基准和制定废弃物处理方法等；在整顿层面，要做到任何人特别是新员工能立即取出所需要的东西；在清扫层面，清洁人员要呈现的是没有垃圾、没有污脏的状态；在清洁层面，加强 3S 的执行并制定严惩制度等。

最后，金舟科技为了保证 6S 管理的推行效果制定了相对应的考核标准以及考核办法，通过对办公室和生产现场的不同层级要素的具体内容考核来检查 6S 管理的推行效果，并通过现场成果申报改善及评比的方式督促各部门改善内部不合理的行为和不达标的成果，保证最终呈现的效果。

（2）健全的组织结构。只有规范化的制度远远不能达到预期目标。一个公司内如果没有能够有效推行公司制度运行的组织结构就相当于没有油的汽车。因此，金舟科技在经过对不同类型的组织结构分析对比后采取了最适合自身的功能型组织结构。其组织结构如图 9-13 所示。

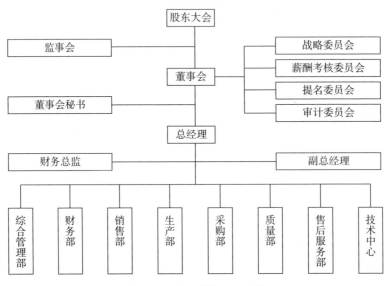

**图 9-13　金舟科技组织结构**

资料来源：金舟科技提供。

金舟科技实行的功能型组织结构是将具有相同专业知识、经验、使用相同资源、做相同或相似任务的人结合在一起，先划分职能再划分部门。金舟科技采取这样的组织架构有效地将擅长同一领域的专家结合起来形成了"专家池"，在 6S 管理推进过程中遇到相关问题时，每一个部门的相关人员都可以与推进小组一起商讨，在最短的时间内提出最有效的解决方案。"专家池"的建立促进了公司内部对专业人才的培养，也有利于公司管理人员对不同部门进行有效管理。同时部门内各员工各司其职，每个人都有不同的任务，避免了因岗位职责重复带来多余的人工成本。

金舟科技采用集权程度较高的管理模式，这样的管理使得决策权掌握在最高层管理者手中，能够快速下达指令并及时解决一些重大危机事件。同时因为最高层管理者的视野和远见都要远高于普通管理人员，因此做出的决策质量更高，决策失误成本更低。

（3）良好的品牌效应。十几年来，金舟科技一直坚持"新颖独特，持续改进，以顾客需求为关注焦点"的经营理念，不断研发出节能型的新产品，其产品更是实现了 CAD/CAPP/CAM 设计制造。2005 年 1 月投入使用的大型电炉制造车间，制造加工设备高效、先进，加工设备包括德国制造先进的光谱仪、激光切割机、大型数控折弯机、数控火焰等离子切割机等先进设备，可生产除标准件之外的全部电炉零件。结构设计的创新、精良的加工设备、先进的加工工艺和科学的管理体系，保证了公司生产的热处理设备的先进性和可靠性。产品逐年更新换代，为企业赢得了品牌信誉。

金舟科技自成立以来一直坚持贯彻绿色节约的理念，公司依靠技术创新，研制了一系列"高效、先进、可靠、环保、节能"的热处理自动生产线。金舟科技为了响应国家"节能、减排"的号召，在节能技术和工艺技术上持续投入，锐意进取，现已拥有 11 项国家发明专利和 19 项实用新型专利。公司的"双层辊底式连续球化退火炉"被评为"国家重点新产品"，并入选工信部节能机电设备（产品）推荐目录。

金舟科技不忘初心和锐意进取，在轴承行业占有一席之地，"金舟出品，必属精品"已经是众多客户对金舟科技产品认知的概括，成为众多客户心中的首选。公司以其高瞻远瞩的生产理念、高口碑的产品质量以及精细化、人性化的售后服务继续扩大金舟科技这一品牌的知名度和影响力，并通过不断地改善和创新现有的生产技术，使公司核心竞争力不断增强。

2. 合理的实施步骤和方法是保证创新成功的基础

6S 管理较金舟科技之前的管理模式有很大的改善，首先在管理的规范化上制定了更加详细的规范手册，管理范围也从车间拓展到了办公室、仓库等场地；其次 6S 管理更加系统化，局部推进和全面推进同时进行，设立专门的推进组织，对推进的全过程进行监督调控，并设立一定的诊断与评估机制。各企业 6S 管理的实行模式，既有基于"定点定位"基本理念的共性，也有针对生产方式不同，企业状况不同而进行的适应性改进。

（1）实施步骤①（见图 9-14）。第一步，金舟科技成立 6S 运行机构。制定了 6S 管理推进目标，拟定推行计划和实施办法，对 6S 管理推进的全过程进行监督调控，并设立一定的诊断与评估机制。

第二步，确定运行方针。推行 6S 管理活动，要依据公司的方针和目标，制定具体可行的 6S 管理方针作为 6S 管理活动的准则。

第三步，设计运行方案。由 6S 管理领导小组制定活动推行计划，设立现

---

① 金舟科技 6S 推行手册。

场管理推进方案，确定 6S 管理具体的实施方法，制定"要"与"不要"的物品区分标准，制定 6S 管理活动评比办法、奖惩办法，以及规定其他相关内容等。

第四步，培训与宣传。培训方面：公司对管理人员及全员开展适当的培训教育，新员工进厂应组织 6S 管理基本知识培训。宣传方面：利用公司内部刊物宣传介绍 6S 管理；外购或制作 6S 管理海报及标语在现场张贴等。

第五步，实施运行方案。在实施过程中金舟科技采用了局部推进 6S 管理和全面推进 6S 管理两大战略。局部推进 6S 管理包括：选定样板区，实施改善；对改善前后的状况摄影，并进行效果确认，经验交流；总结经验，克服缺点，让其他部门进行参观并推广。全面推进 6S 管理包括：红牌作战、目视管理及目视板作战等。

第六步，6S 管理运行评估与反馈。6S 管理推进小组定期或不定期地巡视现场，了解各部门是否有计划、有组织地开展活动；对 6S 管理过程中的疑点进行解答；了解各现场 6S 管理的实施状况，并针对其中的问题开具《现场 6S 整改措施表》，限期整改；对活动优秀部门和员工加以表扬、奖励，对最差部门给予公示并惩罚。

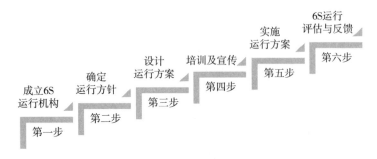

**图 9-14　金舟科技 6S 管理实施步骤**

资料来源：本文研究整理。

（2）实施方法。在 6S 管理推进过程中，从局部推进提升到全面推进存在一定难度，因为不同的车间、不同的仓库、不同的办公室存在的标准不同，在具体实施上具有不可复制性。金舟科技根据自身经验和企业本身的特点，总结出以下七个全面实施 6S 管理的方法。

1）定点摄影。站在同一地点、朝同一方向，同一高度，用相机（或摄像机）将改善前、后情况拍摄下来，再将改善前、后的对比照片在目视板上展示出来。通过这种方式让员工看到改善的对比效果，鼓励员工积极改善。

2）红牌作战。在工厂内找到问题点并悬挂红牌，让大家都明白问题所在并积极去改善，从而达到整理、整顿的目的。通过红牌的悬挂，一方面必需品和非必需品一目了然，提高每个员工的自觉性和改进意识；另一方面有助于引起责任部门人员注意，及时清除非必需品。

3）目视板作战。将期望管理的项目（信息）通过各种管理板展示出来，使管理状况众人皆知。目视板的形成有利于促进情报传递，达成上下统一认识；帮助管理，防微杜渐；使绩效考核更公正、公开、透明化，促进公平竞争；有利于加强客户印象，提升企业形象。

4）目视管理。利用形象直观、色彩适宜的各种视觉感知信息来组织现场生产活动，达到提高劳动生产率的目的，这是一种利用人的视觉进行"一目了然"管理的科学方法。

5）定置管理。根据物流运动的规律性，按照人的生理、心理、效率、安全的需求，科学地确定物品在工作场所的位置，实现人与物的最佳结合的管理方法。

6）三现主义。三现即"现场、现物、现实"，现场指事情发生的场所；现物指变化的或有问题的实物；现实指发生问题的环境、背景、要素。"现场"就是让管理者不要只坐在办公室决策，而是要立即赶到现场，奔赴第一线；"现物"指解决问题需要面对现实，把握事实真相。"现实"就是要通过亲临现场，调查事实和背景原因，用事实解决问题。

7）标准化。对于一项任务，将目前认为最好的实施方法作为标准，让所有做这项工作的人执行这个标准并不断完善它，整个过程称之为"标准化"。金舟科技对标准进行了明确的分类，标准分类如图 9-15 所示。

3. 健全的运行机制是保证创新成功的手段

金舟科技 6S 管理的运行机制主要包括质量监管机制、考核与反馈机制和激励机制三个方面。

（1）信息化的质量监管机制。首先，改善并提高自身管理。金舟科技 6S 管理每一步实施都伴有繁杂的数据处理，内容涉及部门内全部的物件，不同检查项目有相应的检查内容和评分办法。这些数据如果仅靠人工很难做到高效运行，同时也失去了 6S 管理推行的意义。因此金舟科技内部建立了庞大的数据系统，通过对输入数据进行分析能够得出不同部门最近一段时间的推行效果，了解部门整体推行的平均水平；针对普遍得分较低的板块进行现场巡

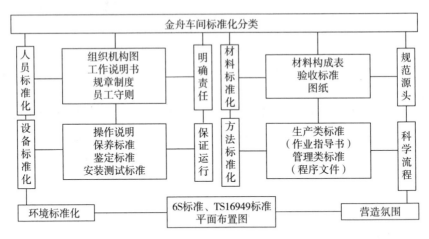

图 9-15　标准分类

资料来源：金舟科技提供。

查，寻找相关负责人询问原因，了解具体情况并针对不同情况提出合理化建议，通过及时改善有问题的内容，有效支撑对于 6S 检查标准及考核办法的正常实施。

其次，售后维修服务至关重要。过去，由于信息技术的不发达，一旦商品出现质量问题公司就要立刻派人前往当地解决，这样的做法不仅耗时耗力，更关键的是效率低下，因此金舟科技很早就将信息技术引入质量监管层面，通过公司内部自主研发的 ERP 系统，实时反映不同地区产品的相关信息。一旦某地区的轴承出现问题，技术人员可以第一时间线上查明问题的原因并给予反馈，大大节省了问题处理的时间和成本。

（2）内外结合的考核与反馈机制。首先，内部监督：由公司内部的考核人员进行打分评价。6S 管理是一个长期过程，为了促进 6S 管理的持续进行，金舟科技制定了包括地面检查在内的 16 个具体项目的 6S 检查标准和考核办法，考核人员会针对具体项目的具体检查内容，按照既定的标准进行检查，若某一项目的某一检查内容不达标，那么考核人员将会扣除相对应的分数。

除此之外，金舟科技还发布了办公室 6S 考核表和生产现场 6S 考核表，针对不同层级员工进行不同方面的考核。前者是对管理层人员的约束，对办公室等 11 项检查项目制定相对应的 6S 标准，后者是对每一个生产车间进行 6S 考核，例如，"整理"层需检查包括通道状况、仓库等在内的 5 个检查项目；"整顿"层包括了工具、零件等在内的 5 项检查项目等。金舟科技虽然针对不同层级员工的工作特点进行不同的评分办法，但最终都是为了让员工达到 6S 管理标准。

其次，外部监督：邀请相关专家进行现场评分。金舟科技每年定期举办"现场改善成果申报及评比"活动，目的就是为了不断提高员工的积极性和参与性，同时员工也可以针对部门的具体情况向上级提出合理化建议，推进小组可以就不同部门提出的意见进行现场调查和组内商讨，最终灵活地调整 6S 管理的推进方式，保证 6S 管理整体的实施效果。

最后，该评比会邀请公司领导以及相关专家进行最终的现场评分，评比结果会根据各申报小组现场改善的成果，针对现物进行"三现"评选，复选从表现性、独创性、努力度、有价值性、无形价值五个方面进行评定。最终评选小组将评选结果及奖励金额报公司领导批准后给优胜部门颁发奖品（见图 9-16）。在此过程中，各部门也可以参观优秀部门，学习优秀部门的闪光点，推动公司整体的 6S 管理。

| 1 | 部门进行现场改善并收集前、后对比数据 |
| 2 | 填写《现场成果改善申报书》并向上申报 |
| 3 | 部门领导负责改善成果初评，拟定奖金 |
| 4 | 组建现场改善成果申报评比小组 |
| 5 | 评比小组进行现场改善成果复评 |
| 6 | 评比小组邀请相关专家进行最后的评分 |
| 7 | 评比结果及奖励金额报领导批准并颁奖 |

**图 9-16 评比流程**

资料来源：金舟科技提供。

（3）合理严谨的激励机制。有考核就必然要有监管以保证实施效果，制定合理有效的激励制度将直接影响 6S 管理的后期推行效果和整体把控。由于不同企业间的具体情况不同，考核方式和具体的奖惩办法不可一概而论，因此金舟科技根据自身情况制定了不同形式的激励制度。

公司每年定期举办的"现场改善成果申报及评比"活动会根据评选结果给最优秀的部门颁发奖品和奖金。"现场改善评比小组"可利用公司网络、报刊、海报、宣传栏等进行宣传，根据改善内容对改善成果进行命名，并制作宣传揭示板。设立"现场改善基金"，用基金购买奖品给予颁发。

除了通过评比赢得奖金，改善成果和合理化建议还与部门和个人考核相挂钩。做得好的部门由生产部在公司过程考核中给予加分（开具《考核评分表》），做得好的个人由求部门在员工日常考核中给予加分，公司会专门进行通报表扬并在最终的个人绩效以及个人奖金予以体现。

## 资料来源

［1］贾凡等 . 5S 现场管理理念在安全生产中的应用 ［J］. 科技风，2019（12）.

［2］王刚 . "5S" 现场管理法应用及趋势探讨 ［J］. 现代营销（学苑版），2011（12）.

 **经验借鉴**

本案例在实地调研的基础上对金舟科技进行系统理论分析，探索传统制造业在大数据时代及转型升级浪潮下的转型之路，以期助力传统企业解决长期存在的创新、管理、制度等方面的痼疾，同时为企业长期可持续发展提供可借鉴的新思路。金舟科技的主要经验：①6S 管理赋能是制造企业创新的有效途径。通过运用 6S 管理赋能实现企业理念创新、技术创新和制度创新，推陈出新、大胆改革，倒逼企业走上可持续发展的创新之路。首次将传统的 6S 管理与赋能创新相结合，使得 6S 管理在新的时代背景下继续贡献力量。②吸收国外先进管理经验应立足于企业实际。在了解企业实际的情况下选取适合自己的成功经验，对其进行个性化改造使其真正成为自己的东西，将"拿来主义"与"企业实际"相结合，走上真正适合自己的成功之路、创新之路、长期发展之路。③创新管理模式是企业自主创新的重要方式。创新企业管理模式，上至企业管理理念，下至管理工具，将已经落后或者对企业发展推动作用甚微的管理模式废弃掉，重新选择或者设计符合自身实际的管理模式。④企业要实现可持续发展必须注重细节管理。细节决定成败，如今忽视细节是众多制造企业的通病，注重细节管理，从细小处下功夫，见微知著，成功自来。⑤学习是创新的内在动力。个人终生学习，企业打造学习型组织，个人与企业联动，所具有的持续学习的能力将为创新提供源源不断的智力支持与动力支撑。

## 本篇启发思考题

1. 企业采取 6S 管理的动因是什么？

2. 如何理解"赋能"？

3.6S 管理赋能还能为企业带来哪些方面的创新？

4. 除制造型企业外，还有哪些企业适用 6S 管理，为什么？

# 第十篇

# 雏凤清于老凤声：基于双重社会资本的二代创业路径研究

 公司简介

　　江苏创合新能源科技有限公司成立于 2018 年 5 月 3 日，是电动汽车车载电源解决方案的提供商，企业创立之初便定位为车载电源类产品（车载充电机、DC/DC 转换器、高压配电盒等类型产品）的研发、生产和销售。公司以自主研发设计为基础、以校企合作为依托、以产业政策为导向，快速响应新能源汽车市场电源类产品需求，实现企业价值与客户价值共同成长。公司经营范围包括：新能源技术的研究、技术转让；新能源电动汽车、电气传动产品研发、制造、销售；计算机软件的研发、设计、生产、销售、技术服务；计算机系统集成；汽车零部件、电子产品销售；自营和代理各类商品及技术的进出口业务（国家限定企业经营或禁止进出口的商品和技术除外）等。公司位于中国最具竞争力的节能与新能源汽车生产基地、长三角地区现代化汽车生态产业城——如皋经济开发区，区内已有陆地方舟、康迪（吉利）、金杯如皋基地、青年亚曼汽车、英田、赛麟6家新能源整车及数十家零部件企业。此外，在氢燃料电池领域，开发区内已有百应、龙能、碧空、泽禾、氢枫等多家新能源企业落户，为公司快速切入新能源行业提供了强有力的地域产业优势。

案例梗概

　　有研究表明近 5~10 年将会成为"创二代"创业的高峰期，如何引导他们接好父辈的班，用好财富成为当之无愧的"创二代"也是社会与日俱增的热点问题。本文基于当前现状，提出"创二代如何实现成功创业？"这一关键问题，选取了运用双重社会资本成功构建双轮能力并最终实现二代创业的江苏创合新能源科技有限公司为案例分析对象，在实地调研、文献研究、访谈调查及实证分析的基础上，结合相关政策背景和研究理论，从企业创始人在家族内及家族外的双重社会资本出发，通过技术创新和制度杠杆来阐述该企业成长路径，通过相关理论来分析双重社会资本和双轮能力构建如何帮助二代企业家成功创业，借此探讨影响"创二代"成功创业的主要因素，以及促成家族企业二代成功代际传承与持续发展的对策建议。

**关键词**：社会资本理论；新能源汽车；家族企业；二代创业

 案例全文

## 一、二代创业成长之路

公司总经理及创始人陈海东 2004 年毕业于北京理工大学，硕士研究生学历。历任南通超盾机电科技公司总经理、上海超盾弹簧垫圈公司营销总监等职务；深扎汽车行业数十载，拥有较强的公司运营管理能力及丰富的汽车零件部件销售经验。他还担任北京理工大学华东校友会副会长、如皋市浙江商会秘书长。2017 年，为响应国家"大众创业，万众创新"号召，同时实现人生二次创业转型，陈海东自主创办了"CHES"品牌，正式进军新能源汽车零部件行业，经过对该行业进行深层次的了解，他制定了研发计划、销售计划及相关目标。

陈海东作为"创二代"，非常有效地利用了双重社会资本。他有传统汽车配件行业的家族背景，父亲拥有传统汽车配件的制造厂，同时父辈艰苦创业的经历和精神潜移默化地影响着他；其拥有汽车制造方面的专业技术知识，在外求学期间还积累了大量的人脉资源，同校校友遍布各大汽车企业，有相当广泛的销售资源，家族内和家族外的双重社会资本对于他创业和选择行业项目提供了相当大的支持和帮助，同时也有助于他找到拥有相关技术的合伙人及高校技术人员共同创办企业。尤其是在经历了第一次创业实践后，陈海东总结经验，重新出发，整合了身边的可利用社会资本，成功实现二代创业，其创业时间线如图 10-1 所示。

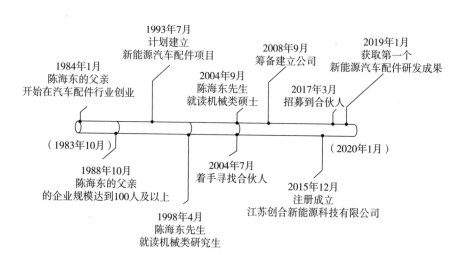

**图 10-1 二代创业时间线**

资料来源：本文研究整理。

纵观陈海东的创业生涯，本文将其划分为四个阶段：一次创业储备阶段、一次创业机会识别和利用、二次创业储备阶段及二次创业机会利用和识别（见图 10-2），并在每个阶段当中各选出 1~4 个兼具典型性与代表性的关键事件进行详细描述，最后再对各单元案例进行分析评价。需要强调的是四阶段的单元案例汇聚在一起充分体现了家族内社会资本、制度与技术、机会识别与利用之间的相互作用关系。

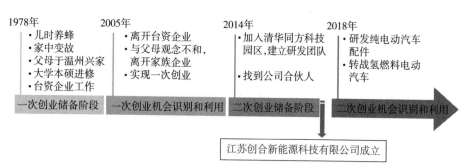

**图 10-2 案例分析流程**

资料来源：本文研究整理。

1. 耳濡目染——一次创业储备阶段（1978~2005 年）

（1）陈海东自幼成长于艰苦困顿的环境，儿时靠着养蜂"讨生活"，因而非常能吃苦耐劳，这是家族环境给予二代企业家的最深刻的影响。在读书期间，家中变故打乱了其原有计划，生活在赐予陈海东先生戏剧性人生的同时，也借由苦难历练着他，给予陈海东先生冲破阻挠、搏击困境的信念与干劲。这也使得陈海东在后期创业钻研过程中不被挫折所牵绊、打倒，在公司管理布局方面善于施压、懂得抗压（见图 10-3）。

**图 10-3　一次创业储备阶段变量（一）**

资料来源：本文研究整理。

（2）陈家父辈于温州实干兴家，是家族企业血脉的搭建者与奉献者，更是陈海东前进路上的光辉典范。父辈成功的奋斗史让陈海东先生对产业有了初步的认知，形成了简单的创业思维，为其日后创业打拼打下基础。同时，父母对于家族企业财富的点滴累积为陈海东先生一次创业阶段的资金储备以及风险管控等都保驾护航（见图 10-4）。

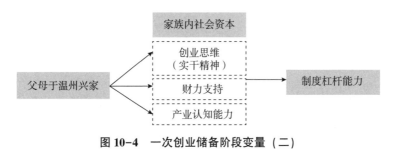

**图 10-4　一次创业储备阶段变量（二）**

资料来源：本文研究整理。

（3）陈海东在求学阶段深入学习了汽车行业的专业知识及交叉学科知识，这是对自身创业能力的锻炼。凭借着本硕多年的学习，陈海东的专业素质过关，并逐步在胆识、眼界、思维方面有了很大的提升。大学期间其精益技能、锻炼创业家思维以及提升文化软实力，为日后进入社会磨砺打拼乃至一展创业宏图打下了牢固的基础（见图10-5）。

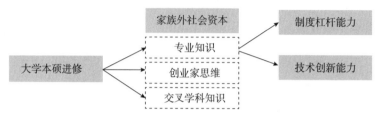

**图10-5　一次创业储备阶段变量（三）**

资料来源：本文研究整理。

（4）陈海东毕业后有过一段车间主管的工作经历，正是这段经历，陈海东下定决心跟随内心自主创业的热情，要苦干一番自己青睐的事业。陈海东曾表示第一次创业时虽然很辛苦，但是比在台资企业里轻松自在。在台资企业中的历练，陈海东深刻体悟到管理的精髓，并将大学中学到的知识应用于工作中。陈海东作为一名管理者统筹全局，合理调度人力资源、规范公司制度框架、培育企业文化凝聚力、谋求政策福利等一系列举措，为此后成功的一轮、二轮创业掌舵扬帆、御风而行（见图10-6）。

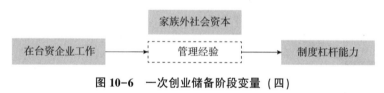

**图10-6　一次创业储备阶段变量（四）**

资料来源：本文研究整理。

2. 探索前行——一次创业机会识别和利用（2005~2014年）

陈海东在童年时期见证了家族企业的从无到有，深知创业的艰辛，同时也潜移默化地习得了企业家精神，而台资企业的就职经历也让他发现自己并不适合按部就班地工作，自主创业将会是一条更加合适的道路。而家族企业多年的资本累积也足够支撑他出去闯荡创业，扎实的专业知识和丰厚的人脉资源能够助力其更好地发展企业。利用资本是一个企业的必备生存能力，陈海东有效地识别并捕捉机会，用战略的眼光布局未来，选择了契合创业条件的土地资源，将有限的初创资金布局于土地价格较低的城市，使得成本骤降，在江苏如皋市成功实现了一次创业，入股晨兴机械有限公司，发展与机械相关传统产业并获得了数项专利，积累下的资本与经验教训为二次创业打下了坚实的基础。唯有通过努力稳固壮大产业资本，扩大创业圈与交际圈中的优质资源和人脉并加以利用，他通过不懈地思考、试炼和反省来增强商业敏感度和创业研发意志力，因而能更好地识别二次创业机会（见图10-7）。

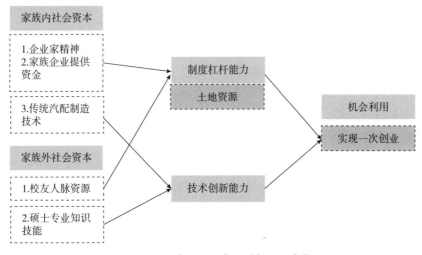

**图 10-7　一次创业机会识别与利用变量**

资料来源：本文研究整理。

3. 继往开来——二次创业储备阶段（2014~2018 年）

（1）2014 年时，陈海东有了新的创业打算，他希望将自己早年的经验转化为二次创业。入股晨兴机械有限公司是陈海东的第一轮创业，在经营期间盈利 2000 余万元。他紧握创业时机，在符合新能源企业创业环境的江苏如皋买下了 80 亩地建设厂房，为此后的第二轮创业——成立江苏创合新能源科技有限公司蓄力。陈海东将二次创业的研发室设在南京，因为作为家族外社会资本的同方科技园是二次创业储备阶段中较为重要的社会资本。江苏创合新能源科技有限公司结合南京高校人才聚集以及当地高科技产业优势，依托"投资+孵化"模式，识别创业机会（见图10-8）。

（2）陈海东在二次创业储备组建研发团队时充分利用手中的人脉在南京设立的技术研发中心会集了来自五湖四海的高校毕业生，陈海东用市场化的思维来思考，力求将人脉变现。作为新能源技术公司，技术创新是推动企业

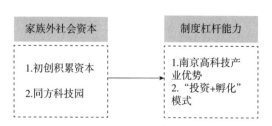

**图10-8　二次创业储备阶段变量（一）**

资料来源：本文研究整理。

发展的根本动力。正是由于家族外社会人脉资本的转化，陈海东才得以组建研发团队，并且一步步进行技术创新。在一次创业过程中，他认识到单纯的汽车原始配件零件，包括家族企业所生产的传统汽车配件无法满足今后汽车发展的需要，于是他与上海交通大学电气工程系教授李国杰将产业方向转到氢能布局上（见图10-9）。

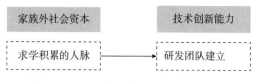

**图10-9　二次创业储备阶段变量（二）**

资料来源：本文研究整理。

**4. 力争上游——二次创业机会识别和利用（2018年至今）**

（1）在经历一次创业之后，陈海东积累了许多的资本和家族外的社会人脉，在进行二次创业时，陈海东又获得了家族内社会资本的支持，增加了二次创业的资金储备。这使得陈海东能够发现如皋市的产业集群优势以及大环境下国家政策方面对于新能源汽车行业的支持，并将政策优惠、产业集群优势转化为自己的创业机会（见图10-10）。

（2）注册成立江苏创合新能源科技有限公司之后，陈海东最初专注于研发纯电动汽车的相关配件，但如皋市的氢能小镇吸引了陈海东的注意力。面对基础设施完善、政策力度支持大的氢能小镇，陈海东开始思考自己专注于纯电动汽车是否是正确的，虽说如皋市具有新能源汽车的产业集群优势，但是在如皋市氢燃料电池汽车才是重点发展对象。氢能在工业生产、医疗健康、能源发电等方面均有应用，随着这种清洁能源的推广，未来发展前景非常可

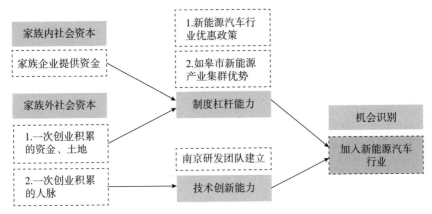

**图 10-10　二次创业机会识别和利用变量（三）**

资料来源：本文研究整理。

观。国家顶层规划也明确了氢能与燃料电池产业的战略性地位，纷纷将发展氢能和氢燃料电池技术列为重点任务，将氢燃料电池汽车列为重点支持领域。经过一番纠结后，在南京组建的优秀科研团队给了陈海东底气，他决定紧跟未来的趋势发展氢燃料电池汽车，并将研发团队的研发重心转移至氢燃料电池汽车（见图 10-11）。

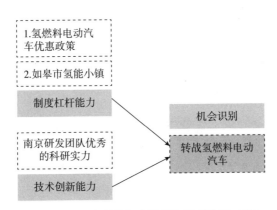

**图 10-11　二次创业机会识别和利用变量（四）**

资料来源：本文研究整理。

（3）在定下主要的纯电动汽车与氢燃料电池电动车双轮驱动的生产计划后，创合新能源的科研团队开始分析市面上已有的新能源汽车配件的优缺点。

陈海东在二次创业储备阶段中组建的南京科研团队具有很强的科研能力，加之陈海东凭借家族外社会资本寻找到杰出的技术顾问及合伙人，创合新能源很快就确定生产三种主要产品，分别为车载充电机、DC/DC 变换器、PDU。同时创合新能源分析当前市面上已有产品的缺点并进行科技创新，从而得出自己的科研成果，规划自有产品的主要发展方向为模块化、低成本、高转换效率，同时与相关公司达成一系列合作。由此可见，技术创新能力在创业机会利用中起着关键的作用（见图10-12）。

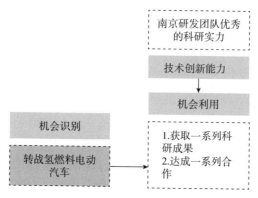

**图10-12　二次创业机会识别和利用变量（五）**

资料来源：本文研究整理。

## 二、家族内外社会资本

### 1. 家族内外社会资本

在大多数二代企业家的创业生涯中，家族内外社会资本的双重维度贯穿始终，影响作用不尽相同。

家族内社会资本主要分为物质上的生产要素、精神上的性格养成以及思维上的创业想法三大块。在物质方面，家族内社会资本为"创二代"创业提供了基础的生产要素，如土地、资金等，"创二代"因而有更多的精力去寻找技术及制度上的优势。在精神方面，"创二代"是在"创一代"的奋斗过程中成长起来的，自幼悉知父辈创业的艰辛与不易，这使得"创二代"相较于普通创业者更能感知创业的坎坷，具有更强的逆商。多数老一辈创业者在"创二代"年幼时就带他们涉足企业界，拓眼界、攒经验，大力培养他们成为企业接班人。因此"创二代"自幼对家族企业所经营产业便有初步认知。综上所述，家族内社会资本在物质、企业家精神、创业思维等方面，助力"创二代"领先于普通创业者发力起跑。

相较于家族内社会资本，家族外社会资本主要分为技能上的知识和经验积累、资源上的人脉拓展、物质上的生产要素。技能方面，如果说"创二代"在家族内形成的产业认知是其通向家族企业所在行业的敲门砖，那么"创二代"在家族外的求学经历、社会经历则是为他们嵌入目标行业价值链的奠基石。由于从小受到来自家族内的熏陶，"创二代"在家族外进行深造研习时通常选择与家族企业所在行业相近的领域，通过专业知识乃至跨学科知识的进修锻炼自身技能，深化对目标行业的认知、提高专业素质水平。此外，"创二代"家族外的社会生活也是极为重要的一部分。资源方面，"创二代"拥有的最主要资源是人脉资源，其中人脉资源按照其具体功能又有多种分支。譬如人脉资源当中的技术型人脉指的是拥有较高专业技术水平的人脉，制度型人脉指的是能够帮助"创二代"识别有利制度因素的人脉，这都是"创二代"不可或缺的优质资源。物质方面，"创二代"在家族外早期的生活、工作等经历会积累相应的物质基础，主要体现为生产要素，如资金、土地等。

2. 家族内外社会资本推动双轮能力

通过前文分析，家族内外社会资本对"创二代"的制度杠杆能力与技术创新能力产生了不同的影响作用（见图10-13），具体地，家族内社会资本主要作用于制度杠杆能力，而家族外社会资本则对制度杠杆能力与技术创新能力都有重要影响。

家族内社会资本主要作用于制度杠杆能力，而对技术创新能力影响不显著，原因有三点：①家族企业容易路径锁定，知识边界突破缓慢。家族企业要巩固根基通常需要较长的发展时间，经历过长期的沉淀之后，家族企业找到了自己的经营模式及风格，这样的状态容易促使家族企业给自己加上条条框框，限制自己接受新事物或做出更多的创新举动，从而形成路径锁定。同时，家族企业在发展到一定程度之后，其技术水平、产品质量等都已达到相对成熟的程度，故家族企业所拥有的技术突破空间并不大。②性格及思维养成是影响制度杠杆能力的主要因素。制度杠杆能力指的是"创二代"在制度环境当中识别出对自身有利的制度因素并将其转变为自身优势的一种能力，而这一能力在很大程度上扎根于"创二代"所在的家族背景、成长经历等。③家族内的物质资本助力"创二代"创业。正是由于家族内的物质资本支持，

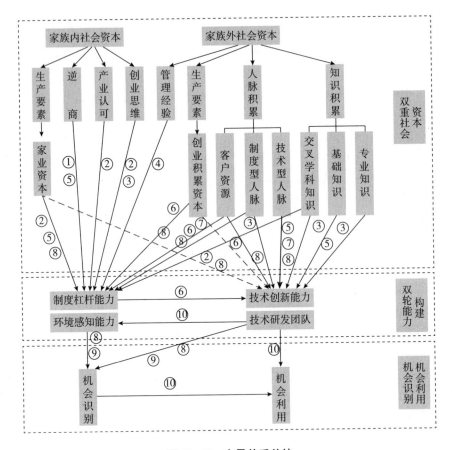

**图 10-13　变量关系总结**

注：①~⑩代表对应的单元案例序号，每条线上的数字所对应的案例都可佐证这一条变量间的关系；箭头方向说明：某变量对另一变量有影响；在双重社会资本框与双轮能力构建框内，实线箭头代表因素对制度杠杆能力或技术创新能力的影响较大，虚线箭头代表因素对制度杠杆能力或技术创新能力的影响较小。

资料来源：本文研究整理。

使得"创二代"能够自由闯荡，提升制度杠杆能力。

家族外社会资本对制度杠杆能力与技术创新能力均有重要影响。首先，家族外社会资本对制度杠杆能力的影响有三点：①家族外的物质资本助力"创二代"创业。除了来自家族内部的物质支持，"创二代"自身也会积累一定的资本。这些资本同样作为一种支撑，帮助"创二代"在制度大环境里探索，使得其制度杠杆能力得到不断的磨炼。②家族外制度型人脉的积累储备。制度型人脉指的是能够引导"创二代"识别有利制度因素、提高其制度杠杆能力的人脉。这类人脉在很大程度上为"创二代"寻找有利制度因素省去了很多的环节与时间，使其有更多精力思考如何将制度因素转化为自身的制度优势，这实际上大大提高了其制度杠杆的效率。③家族外交叉型知识及技能经验的积累扩充。"创二代"的社会生活除了目标行业的相关经验以外，还积累了大量其他的社会经验，这些与目标行业专业关联不强的经验及知识积累称之为交叉型知识及经验。虽然这一类知识及经验无法提高"创二代"的专业技术水平，但是丰富了"创二代"的思维模式及知识库，拓展了其看待制度环境的视角。

相应地，家族外社会资本也影响到了技术创新能力，原因有三点：①家族外的物质资本助力"创二代"进行技术创新。众所周知，科研是一项需要大量资本投入的工作，因此"创二代"在家族外社会闯荡后积累的资金能够作为一种对技术创新的投入，增强其技术创新能力。②家族外技术型人脉的积累储备。与制度型人脉不同，"创二代"在社会交往过程当中获取的技术型人脉拥有较高的技术水平，同时他们了解最新的技术，能够帮助"创二代"获取更多的技术创新知识。③知识积累为技术创新提供多样可能性。"创二代"在家族内部能够获取一些关于产业认知的基础知识，但是更多、更新的专业知识却主要是在家族外获取的，尤其是在求学过程当中获取。由于家族企业的发展趋于成熟，其创新的欲望以及空间都受到了限制，因此"创二代"从家族内部获取的技术创新能力有限，需要从家族外部通过求学获取。

同时，制度杠杆能力和技术创新能力之间相互影响。制度杠杆能力对技术创新能力的影响主要体现在相关部门推出的人才政策作用上。各地为了留住人才、推进高科技产业的发展，相继出台了许多优惠政策。"创二代"通过识别各地的人才政策，有选择性地挑选科技人员水平高的地区建设研发中心，进而影响新创企业的技术创新能力。技术创新能力对制度杠杆能力的影响主要体现在技术支持上。只有在拥有一定水平的技术创新能力之后，"创二代"才有能力识别出高科技产业有利制度因素，进而将其转化为自身的技术优势。因此，技术创新能力是"创二代"完成制度杠杆过程的必备条件。综上所述，制度杠杆能力与技术创新能力并非相互独立的因素，它们之间是相互影响的。

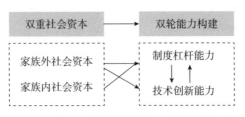

**图 10-14　双重社会资本与双轮能力关系**

资料来源：本文研究整理。

3. 双轮能力助力机会识别及利用

双轮能力构建完成之后，将不断推动助力"创二代"对于创业机会的识别及利用。在总结归纳中可以看出制度杠杆能力主要帮助"创二代"进行机会识别，而技术创新能力主要决定能否将机会识别转化为有效的机会利用，见图 10-14、图 10-15。

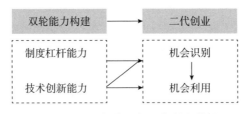

**图 10-15　双轮能力与二代创业关系**

资料来源：本文研究整理。

对于制度杠杆能力对"创二代"机会识别的影响，我们做出如下分析：①制度杠杆能力主要停留于初期识别层面。制度杠杆能力更多的是一种识别的能力，而非像技术创新能力一般可操作性强。制度大环境当中包含了各种各样的制度因素，其中相关部门出台的优惠政策及行业优势对"创二代"而言是具有导向性的。制度杠杆能力促使"创二代"首先进行敏锐捕捉、自行度量政策优惠及行业优势能否为其带来长远的利益，进而决定是否要动用已有资源进行创业投入。因此，我们认为制度杠杆能力在二代创业过程中，更多的是起到"指引者"的作用，给予企业家持续创业的方向。②机会识别更具有主观能动性，缺乏客观条件支持。机会识别是企业家创业的第一步，首先体现在企业家的环境感知能力上，这也是大部分人经过一段时间环境熏陶及理论学习后可以做到的。具有导向作用的制度能力只能告诉企业家"需要干什么"，却不能告诉他们"怎么干"。

技术创新能力在某种程度上也会对机会识别产生一定的影响。对于一些保守或已有产业基础的"创二代"，他们在进行机会识别时通常会优先分析自身处境、持有的资源，此时技术创新能力的优劣就会影响到其对机会识别的深刻程度。在机会利用方面，技术创新能力几乎决定了其利用是否有效，对此我们做出如下分析：①技术创新能力是创业成功的关键。众所周知，技术创新和妥善管理是企业能够在市场上存活的重要条件。在"创二代"识别出可利用的创业机会之后，需要有一定的技术力量支持其将识别出来的创业机会进行落地。②客观能力的支撑创业项目的落实。机会识别处于"想"的阶段，而机会利用就需要更多地"做"。在该方面"创二代"比普通创业者更具有资源和渠道优势，面对同样的技术，"创二代"更能有效利用人脉、家族关系等进行技术能力的转化利用。

## 三、案例总结

家族内外社会资本、技术创新能力、制度杠杆能力以及最后创业机会识别和利用这些元素贯穿了"创二代"的整个创业路径，具体影响路径见图10-16。

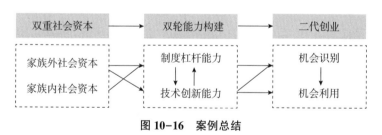

图 10-16　案例总结

资料来源：本文研究整理。

家族内社会资本包括物质上的生产要素、精神上的性格养成、思维上的创业想法，以及以人脉资源、知识经验为重的家族外社会资本，这些资本服务于双轮能力的构建——制度杠杆能力及技术创新能力，其中制度杠杆能力从家族内外均可习得，而技术创新能力的养成则主要得益于家族外社会资本。制度杠杆能力能够帮助"创二代"识别大环境当中的有利因素，如制度优惠政策、有效创业机会等，同时还能帮助提升技术创新能力。技术创新能力为

"创二代"提供技术支持、提升业务水平的同时，能为其抓住有利制度因素提供技术可能，因此，本文认为制度杠杆能力与技术创新能力也存在相互影响的关系。提升制度杠杆能力最主要的目的是进行有效的机会识别，而机会识别过后的机会利用是否能够成功在很大程度上取决于技术创新能力是否足够，因此，想要有效地提升创业成功率，首先要提升制度杠杆能力、识别出最佳的创业机会，同时要提高技术创新能力促进机会的有效利用。

## 资料来源

[1] 李新春，韩剑，李炜文. 传承还是另创领地？——家族企业二代继承的权威合法性建构 [J].管理世界，2015（6）：110-124.

[2] 徐浩. 制度环境影响技术创新的典型机制：理论解读与空间检验 [J]. 南开经济研究，2018（5）：133-154.

[3] 韩炜，杨俊，包凤耐. 初始资源、社会资本与创业行动效率——基于资源匹配视角的研究 [J]. 南开管理评论，2013，16（3）：149-160.

[4] 张茉楠，李汉铃. 基于资源禀赋的企业家机会识别之框架分析 [J]. 管理世界，2005（7）：158-159.

[5] Landau C., Karna A. Institutional Leverage Capability and Internationalization [J]. Global Strat Journal, 2016（6）：50-68.

 **经验借鉴**

本案例通过对陈海东两次创业生涯的具体分析，提炼出各变量因素之间的关系，逐步得出一般规律为"创二代如何实现成功创业"提供案例参考。第一，为家族企业二代的"另创领地"提供借鉴，本文将资源整合观与创业行为理论结合起来，证实"另创领地"的确有助于"创二代"树立权威。第二，为"创二代"利用家族内外资源禀赋提供思路，具有潜在价值的异质资源集合，可为公司创造出持续的竞争优势，同时在不断地学习中转化为认知能力、倾向和知识三个维度。第三，企业家网络能力构建对企业家机会识别利用起支撑作用，企业家的个人网络和社会网络在与其他个体发生联系后，产生信息优势和控制优势，以此识别更多的创业机会。

## 本篇启发思考题

1. 双重社会资本如何运作使得"创二代"实现个人创业？
2. 陈海东先生两次创业的异同点？
3. "创二代"如何实现在传承家族企业的同时进行创新？
4. 促成家族企业二代成功代际传承的关键因素是什么？

# 第十一篇

## 培训为巢云作枝：云计算环境下的
## 企业培训服务新模式研究

 **公司简介**

江苏云学堂网络科技有限公司（以下简称云学堂）于 2011 年 12 月 22 日成立，经营范围包括网络技术、互联网学习平台的开发、应用及服务；计算机软硬件技术开发、技术服务、技术咨询、技术转让、技术培训；多媒体课件制作及相关产品的销售；数据采集、数据处理、数据分析，向客户提供数据产品和相关服务等。云学堂致力于打造企业培训的全方位生态解决方案，推动大数据和人工智能的行业实践，推出了面向未来的企业智能学习解决方案——绚星智能学习中枢，依托绚星平台、绚星内容、绚星服务为企业及员工提供全方位的智能学习落地支撑，帮助企业提升组织和人才价值，助力企业成功。

**案例梗概**

在知识经济时代与学习型社会，企业培训成为商业领域的关注焦点。与此同时，随着云计算的迅速发展，云时代下的传统企业培训服务由于资源损耗巨大、内容更新缓慢、跟踪管理不完善等缺点，已逐渐无法满足企业用户不断增长的培训需求。挑战中蕴含机遇，云计算提供的计算资源按需分配、多端共享、所有权和使用权分离模式，为企业培训服务的创新变革提供了技术支撑与商业模式参考。本文通过研究云学堂信息科技有限公司的绚星企业培训服务，综合把握云计算理论，提出了一套与云计算深度交融的企业培训服务新模式，即"混合云+SaaS"模式。该模式在培训服务的开发上，以"公有云+虚拟私有云"的混合云模型构建了"云平台、云内容、云定制"三大培训云服务；在培训服务的交付上，基于 SaaS 交付重点探讨了云数据中心的管理思路与安全保障。"混合云+SaaS"模式具备显著的降本增效优势。

**关键词**：企业培训服务；云学堂；云计算；混合云体系；SaaS 交付

 **案例全文**

## 一、企业概况

1. 发展历程

●2011 年，云学堂于苏州成立，发布乐才（绚星企业大学）、炫课（绚星微课）工具产品。

●2012 年，课橙（绚星网络学院）产品发布，内容聚合平台战略启动，北京公司、上海公司成立。

●2013 年，完成 A 轮融资，北京公司成为云学堂营销总部。

●2014 年，大数据战略启动，广州公司、深圳公司、南京公司成立。

●2015 年，金牌团队产品发布，企业学习全案服务战略启动，杭州、青岛、武汉、成都分部成立。

●2016 年，获得 SIG 领投 1100 万美元 B 轮融资，人工智能战略启动，企业学习全案服务战略升级。

●2018 年，获得云锋基金领投 4000 万美元 C 轮融资，推出绚星全新品牌，成立商业学习研究院。

●2019 年，中国电子工业标准化技术协会公布了新一批通过云计算服务能力审查评估的企业名单，云学堂荣获云计算 SaaS 服务能力符合性评估三级认证。

2. 顾客评价

云学堂作为企业培训服务行业的领先者，已成为众多企业客户的信赖之选，部分合作企业名单见图 11-1。

部分合作企业评价如下：

统一企业：云学堂的企业学习全面解决方案帮助我们公司实现了线上学习的培训规划，为我们公司建设完整性的培训体系提供了重要的帮助，现在大家能够充分利用上下班的时间学习，学习氛围得到了极大的提升。

| 世界500强 | 医疗行业 | 金融保险 | 食品行业 | 制造业 | 行业连锁 | 互联网电商 | 房地产 | 软件通信 | 其他知名 |

**图11-1 云学堂部分合作企业名单**

资料来源：云学堂公司提供。

海信：云学堂是一家专业的企业学习全面解决方案服务平台，通过建设海信学堂，帮助我们更加适应互联网和智能化浪潮，建立能够促进员工自主学习、持续学习的企业学习体系，让企业学习与组织能力发展同商业目标更好地结合。

同仁堂：云学堂系统化帮助我们建立了知识体系，实现了同仁堂的线上图书馆的梦想。目前，同仁堂学习平台上，员工总学习时长达到124万分钟，平台知识数近万个，收集中医古典书籍1000多本。系统化的培训管理工具让每位员工能够很快地掌握公司推出的第一手的培训资料，全面提高了培训效率和效果。

3. 所获荣誉

云学堂作为企业培训领域生态化服务机构，已获得政府、公众以及行业内的高度认可。2012年至今，已经先后获得2012年度软件大会在线教育平台最佳应用奖；克莱斯勒杯第四届黑马大赛年度40强；《快公司》2014年中国最佳创新公司40强；中国人才发展年度推荐产品奖；年度最佳企业人才发展解决方案机构；大中华区最佳企业在线培训平台等荣誉。

## 二、绚星企业培训服务

1. 绚星平台

绚星平台是基于云计算、结合大数据和人工智能技术构建的企业智能化学习平台。平台作为功能性工具，由绚星企业大学、绚星会议、绚星直播、绚星微课4个APP组成。APP均支持移动端、PC端登录。

（1）绚星企业大学。绚星企业大学是传统学习与网络化学习相结合、二者优势互补的混合式培训 APP。从项目设计、内容组织到学员分组、辅导员配置，再到数据化跟踪执行、学习互动，都可以在企业大学中高效完成。企业大学有如下特色功能：①打造学习社区，组织学习运动。如图 11-2 所示，生成学习地图，学员入岗即可获得学习包，使学习路径更明确。建设网络课堂，企业大学的网络课堂主要为企业提供网校建设服务。②智能运营数据，数据体现价值、数据指导运营，企业大学不仅是企业的学习 APP，更是企业学习的数据分析 APP。③搭建企业智库，企业知识库空间无限，通过大数据和 NLP 等技术，所有知识都会被智能化处理，支持多达五级的目录结构，更有利于检索、相互关联与智能推荐员工。

图 11-2 学习地图

（2）绚星直播。绚星直播是为直播场景打造的一款高端化直播产品。适用于各种直播场景的直播产品，支持多种客户端，具备丰富的直播功能，可满足课程教学、线下公开课、实操知识以及产品发布会等多样化直播场景。高清直播、无缝接入、全设备支持，开启用户自己的直播时代。

绚星直播具备 WebAPI、SDK 接口，可以实现与 OA、LMS、E-Learning、CRM 等企业现有业务系统的完美对接。同时绚星直播还具备如图 11-3 所示丰富的功能。

屏幕共享　　视频共享　　文档共享　　电子白板　　打赏送礼　　实时消息

师生问答　　互动答题　　点名签到　　多路接入　　云端录制　　回看支持

**图 11-3　绚星直播功能**

资料来源：云学堂公司提供。

绚星直播优势有三点：直播突破了时间空间限制，实现了培训资源调配与人员集合上的灵活性；直播对于成本的减少效果显著，尤其是对于门店众多的零售企业，直播可节省高昂的差旅资金、人力、时间以及物料等；直播适用场景扩展、功能日益丰富，绚星直播可以实现员工签到、发起红包、观看直播员工的操作反馈等诸多功能。

（3）绚星会议。绚星会议是一种可以让沟通跨越空间的工具，它是一种典型的图像通信、易用的视频会议产品，多段支持高协同会议、高清晰高保真、便于构建空中教室，充分体现了云会议的特点。

绚星会议优势有二点：真实感强，与电话会议相比，会议参加者面对商讨问题，研究图纸、实物，与真实的会议无异，与会者有身临其境之感；交互性好，绚星会议集成交互式书写系统，将笔输入技术、触摸技术、平板显示技术等多项技术集为一体，将传统的显示终端提升为功能强大的人机交互设备。

（4）绚星微课。绚星微课是备受好评的专业 HTML4 微课程制作工具，能帮助课程设计者轻松地制作出高交互、炫动画、跨平台浏览和学习的 HTML4 微课程。微课适用于经验快速分享、专业微课开发、微课大赛、移动端活动推广等。

其中，APP 端微课定位大众化，支持语音联播、小视频、图片配音、图文混排四种创作方式，主要目标群体为用户受众。PC 端微课定位专业化，具备多媒体支持、PPT 导入、人机交互、SCORM、画音同步等诸多功能，主要目标群体为课程开发者。

绚星微课优势有三点：微课具备流媒体播放性，支持视频、动画等基于网络流媒体播放，适用于移动学习；微课具备经典示范案例，精致完全的信息化教学设计贴合用户需求；微课以实用为宗旨，备有配套相关的练习、资源及评价方法。

2. 绚星内容

基于绚星平台，云学堂以生态协同的内容服务模式，提供海量优质内容及智能化精准匹配服务，为客户及用户量身定制学习内容。绚星内容具备以下三个特征。

（1）覆盖广泛。绚星内容通过多平台导入，聚合海量课程，覆盖 2 大关键人群、6 大行业、9 大专业类别，累计逾 10000 门课程、100 套解决方案（见图 11-4）。绚星内容保持每年 10% 的合作伙伴增加率、24% 的新课更新率，内容取材来自法国、日本、美国、英国以及国内上百家课程供应商的课程资源，不断引进、完善和联合开发高品质的学习项目及培训课程。

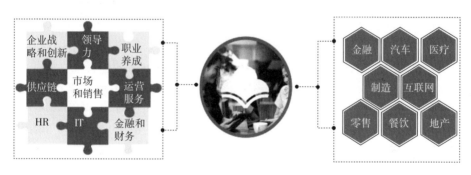

图 11-4　绚星内容覆盖区域

资料来源：云学堂公司提供。

（2）品质严选。如图 11-5 所示，绚星荟萃多元内容，对各类内容严格把控、精选品质以避免内容杂而不精。绚星内容由一支专业团队开发运营，团队包括 400 多位知名讲师、50 多位业内专业设计顾问、100 多位服务运营人员以及 10 多位咨询顾问团队。分工明确的内容团队确保了内容的高质量。

（3）匹配需求。绚星内容不仅多而精，更能高度匹配用户需求。绚星内容主要从用户层级、知识类型、培训形式、供者种类四个维度匹配用户的具体课程需求。

图 11-5　绚星精选内容

资料来源：云学堂公司提供。

3. 绚星服务

纯粹依靠平台与内容的固定协同只能满足用户的通用化需求，无法满足用户的某些个性化需求，绚星有机融合平台与内容，以用户需求为导向，为用户量身打造个性化培训服务。绚星服务主要包括系统对接、内容运营、数据运营、咨询赋能等，基本覆盖企业培训服务从设计到落地的全生命周期。

（1）系统对接。系统对接属于技术层服务，考虑到部分企业用户存在 SSO/CAS 等身份认证系统、OA/SAP 等业务系统、BPM 等流程系统、微信/钉钉等消息系统，绚星服务提供了基于标准化 Restful Web API 接口，可以实现绚星系统与用户遗留系统的对接，而具体的对接深度由用户决定。

（2）项目运营

项目运营是利用高效的管理和专业的技能进行的培训内容设计与培训场景落地，绚星为企业进行远程协助或者现场服务，将定制化的内容交付给企业，完成服务。具体包括内容资源配置、内容设计、内容活动上线等环节。图 11-6、图 11-7 为部分项目运营案例。

（3）数据运营。数据运营为项目运营的延伸，服务团队通过分析用户企业培训现状，形成一系列可作为后续培训优化的数据报告供用户参考使用，包括可视化大屏、学习成长报告、海量日志分析、培训情况呈现、培训趋势预测等。图 11-8 是部分数据运营功能展示。

（4）人才测评。云知测（人才测评）是云学堂联合国内测评机构——善择共同推出的人才测评系列服务。目前，云知测已包含近 20 种人才测评工具（应用于不同场景、不同人群）、十大测评咨询方案（针对人才管理过程中的选、育、用、留、激励），具备轻咨询、交付快、顾问专、随时提供的服务特

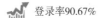

- 登录人数42178人
- 登录率90.67%
- 学习率87%
- 课程总量1738门
- 移动APP安装26067人
- 目标学分达标人数17011

**图 11-6　欧派门业的 11 天打卡计划**

资料来源：云学堂公司提供。

平均在线数
**2000+**人

打赏讲师积分
**5000+**

现场互动数
评论
点赞
礼物

**10000+**条

**图 11-7　海信的大咖直播秀项目**

资料来源：云学堂公司提供。

色，旨在帮助企业识别人才、持续提升人力资本价值，使企业竞争力不断加强。

图 11-8　个人学习报告

资料来源：云学堂公司提供。

## 三、企业培训服务的开发：混合云体系

### 1. 混合云体系框架

相较于传统的企业培训服务体系，混合云体系深度运用云技术塑造了三大云服务即全景覆盖的培训云平台、开放共赢的培训云内容、用户导向的培训云定制。

三大云服务的本质如下：

云平台是工具，平台承载内容，云平台是一组培训 APP 矩阵。云平台凭借协同化的矩阵内部构架，打造全景覆盖的矩阵整体。

云内容是本质，内容凝练价值，云内容是一个培训课程资料库。云内容依托多样化的来源渠道与调用手段，构建开放共赢的内容库。

云平台和云内容互为表里，构建起了企业培训服务体系的第一大板块——公有云。

云定制是补充，云定制拓展了体系的价值外延，既有的内容与平台（即公有云）可能无法满足某些个性化的用户需求，需要额外定制服务以针对满足，云定制综合运用内容与平台，开发用户导向的个性化服务。

云定制本质上是一种虚拟私有云（VPC），构建起了企业培训服务体系的

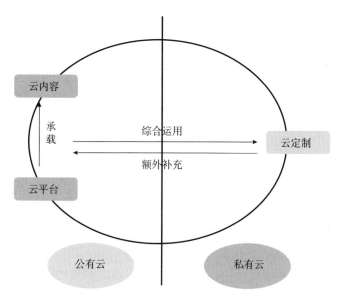

**图 11-9　企业培训服务的混合云体系**

资料来源：本文研究整理。

第二大板块。

公有云和 VPC 组合共存，形成完整的混合云体系（见图 11-9）。

2. 云平台：打造全景覆盖的协同 APP 矩阵

（1）APP 矩阵的构成板块。APP 矩阵的构成板块解释了平台的构成要素问题。依据 APP 功能作用的差别，整个矩阵包含如图 11-10 所示五类工具。

1）核心教学工具。其原型是绚星企业大学。核心教学工具为企业用户提供培训管理、岗位模型、知识管理等基本服务目录。

2）辅助沟通工具。其原型是绚星会议、绚星直播。辅助沟通工具是对基础培训功能的技术拓展。

3）课程呈现工具。其原型是绚星内容商城。课堂呈现工具中发布了服务商所能提供的各种培训课程资源。

4）用户创作工具。这一类基于用户而非服务商的课程想法需要一类创作工具实现落地。用户创作工具为用户提供了诠释想法的技术平台，用户创作工具的最终目的是实现"用户既是课程消费者也是课程生产者"。

5）社群共享工具。顺应社交媒体蓬勃发展的时代潮流，有必要探索构建与培训资源共享圈共存的培训用户交流圈。

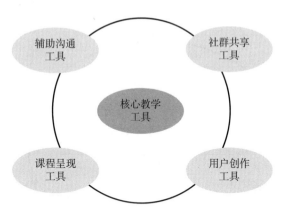

图 11-10　APP 矩阵的构成板块

资料来源：本文研究整理。

（2）APP 矩阵的内部协同。APP 矩阵的内部协同解释了五类工具如何协同发展、共同进步。

核心教学工具作为明星工具居于主要地位。从不同角度弥补核心教学工具的不足，并拓展核心教学工具的优势，使得 APP 矩阵更贴近用户需求，从而实现矩阵的整体功能大于部分功能之和的理想效果。

其中，辅助沟通工具是对沟通技术的拓展。便于云计算技术在不影响其他基础培训功能的前提下开发优化沟通新技术以为用户提供更专业的服务。

课程呈现工具是培训课程的汇总罗列。使用户根据自身需求、自身属性，更快更好地找到所需课程。

用户创作工具是课程来源渠道的拓宽。核心教学工具仍然侧重于提供服务商应有的服务，而忽视了提供用户需要的服务，而用户创作工具则弥补了这一不足。

社群共享工具是对培训社交化的探索。核心教学工具依然是以教学推动培训，但在互联网高速发展的社交化时代，社交推动培训已经渐渐成为一种全新的试验，考虑到这一实验的风险性，因此无法直接放入核心教学工具中，需要建立 APP 单独探索，社群工具内用户可以畅所欲言，满足了用户的社交化需求，使得培训不再只是简简单单的纯教学。

（3）APP 矩阵的全景覆盖。通过对 APP 矩阵主体构成和内部协同的研究，可以归结出 APP 矩阵整体的主要特色——全景覆盖。五类工具基于云计算和人工智能技术，协同共存，满足企业培训的四大场景需求：指派学习：

自由学习、实时监控；OJT 学习：师徒辅导、双向互评；测评学习：在线考试、分析调研；社区学习：实时提问、专家反馈。

3. 云内容：建设开放共赢的异构内容库

（1）内容库的异构板块。内容库的异构板块解释了内容库是如何构建的。依据内容资源的来源渠道，内容库应当包括护理互联网开放内容、培训课程合作商内容、用户提供的内容、自有内容四大构成板块。从本质上看，内容库是多主体异构而形成的，服务商只是拥有内容库中部分内容的完全产权，而对于其他主体提供的内容，服务商只是在一定权限内拥有使用权而非占有权。

1）互联网开放内容。主要指通过搜索引擎的检索能够获取到的各种免费的或付费的培训资源。互联网开放资源可以取材于如百度、微信等搜索引擎；也可以取材于如 edX（麻省理工在线课程）、得到（逻辑思维知识服务 APP）等通用培训平台；还可以取材于各类公开的专业化行业岗位资源库。这类资源覆盖广泛、形式多样、获取便捷。但这类资源可信度较弱甚至存在个别版权问题，且往往无法直接形成培训课程。

2）培训课程合作商内容。主要指与培训行业内上游的课程开发商或竞争的培训服务商建立合作，以买断或交换的方式获取系统专业的培训资源。专业的课程供应商主要有自课桌角、回归线、新风向、思酷、馒头商学院、HR-Bar、企友咨询等。这类资源品质高且供给稳定，大部分资源直接以课程的形式呈现可以节省后续加工费用，但颇为昂贵的购买费用无疑也是一大笔成本。

3）用户提供的内容。主要指企业及其员工在使用培训服务的过程中，通过相应的创作工具自主开发培训内容或在相应的建议板块中提出建设性意见。这类资源视角新奇，提供了有别于生产视角的用户视角下的内容构建，且在一定程度上可以实现与用户的密切交互，强化用户体验。但囿于提供主体的非专业性，用户所提供的内容在总体的价值密度上势必不高。

4）自有内容。除却上述三类来自外部的内容，作为体系的直接构建者，服务商势必要拥有自我生产的、产权自主的自有内容，且随着企业发展壮大，要以内容库完全自有化为目的，逐步提高自有内容的比重。服务商可以成立一个团队或机构，专门负责自有内容的开发。

这类资源的质量最高且产权明晰，服务商可以不受外在束缚自由灵活运用，但自有内容的开发成本无疑也是最大的。

（2）内容库的调用手段。内容库的调用手段解释了如何充分利用内容库尤其是内容库中非服务商自有的内容。内容库的异构特性决定了服务商无法完全自主地支配整个内容库，那么退一步，服务商该采取哪些手段尽量地调用异构内容库呢？我们认为存在以下三种具体的调用手段。

1）评价筛选体系。评价筛选体系主要是用于对合作商内容的充分调用。服务商在以买断、租用或交换共享等方式调用合作商提供的课程，必然不会是来者不拒全盘接纳的，而是需要有一套成熟的评价筛选体系进行过滤，只有经过评选的合作商或课程才可以被服务商调用。评选体系由如下两部分构成：

合作商"四角度"评选体系：结合对主流课程开发商的研究，我们认为针对合作商的评选应该从其产品定位、内容质量、合作情况、客户评价四个角度综合考量。

具体课程"六指标"评选体系：考虑到课程较为精简没有合作商整体复杂，所以我们认为针对课程可以采取量化指标计分的方式实践。具体指标及其实践如图 11-11 所示。

2）UGC 模式。UGC 模式主要是用于对用户内容的充分调用。UGC（User-Generated Content）即用户生产内容，用户既是内容的使用者，又是内容的生产者，这是 UGC 模式的最大特色。培训内容的最终归宿是用户，因此从某种程度上来说用户比服务商自身对培训内容更具有发言权。

该手段的实施要点在于如何充分调动用户生产内容的积极性。按照用户内容的类型，服务商可以从如下两个角度考虑：①打造讨论社区，给用户发言权。用户建议作为最直接也是用户最容易提供的内容，服务商应该保障用户畅所欲言以便从中找出内容开发的灵感。②打造创作工具，给用户行动权。

3）内容策展。内容策展（Content Curation）适用范围最广，面向一切内容资源，但其实施难度也最大，需要设立策展机构专门实施。内容策展是以实现外部培训资源的自我使用为目的的，培训服务商成立专门的策展机构，从某个具体的视角，利用外部资源的特定主题，将分散的、外部的培训资源再组织、封装化，形成全新的、自有的培训内容的过程。简而言之，内容策展就是化他山之石以攻玉。

（3）内容库的开放共赢。通过对内容库异构板块和调用方式的研究，可以总结出异构内容库的主要特色——开放共赢。内容库的构建面向服务商自身、合作商、用户这三类主体开放，依托三类主体的合力构建内容资源；而

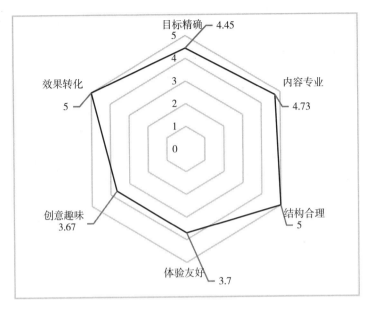

**图 11-11　课程"六指标"评选体系**

资料来源：本文研究整理。

在三类主体多元异构、服务商灵活调用资源库的过程中，又呈现出以下三类主体共赢的局面。

1）品牌背书：服务商与合作商共赢。在与合作商的共赢中服务商自身的利益集中体现在实现了品牌背书。异构共享的内容库意味着各个异构主体不仅在实质的内容资源上，也在品牌、市场影响力等无形资产上一定限度地实现了互通。

2）用户体验：服务商与用户共赢。对于企业用户而言，参与内容构建的好处有两点：以一种培训内容生产者的身份而不仅仅是培训内容消费者的身份看待同样的培训内容体系，其体验感受显然更佳；加深对培训内容的了解，有助于用户对培训内容与自身的契合性做出更全面的理解，以对是否选用该内容有更准确的判断。

4. 云定制：提供用户导向的个性化服务

云定制实质上是一种虚拟私有云，其存在不排斥公有云，相反，其存在必须依托公有云。云定制产生的原因是公有云缺乏个性化；云定制产生的基础是公有云本身；云定制产生的结果是与公有云共存。

基于对绚星个案的研究，我们认为额外的云定制服务应该包括以下三类：基础的系统对接定制、核心的内容运营定制、广泛的咨询赋能定制。而这一定制服务应当具备用户导向的特征。

（1）定制的主要类别。定制的主要类别解释了服务有哪些。实际上，服务的定制属性决定了用户需要什么就得提供什么样的服务，服务在具体项目上是无法计数的；但理论上，虽然用户需求在数量上无限，但在种类上却是有尽的，按照用户需求的主要种类，额外的云定制服务具体有如下三类。

1）额外的系统对接定制。

•用户认证系统，如 AD/LDAP/CAS 等，以实现多系统的单点登录功能。

•用户信息系统，如 HER 等，以同步组织架构与用户等主数据。

•业务系统，如 OA/SAP 等，以向企业输出体系使用数据。

•流程系统，如 OA/BPM 等，以便体系发起流程、接收企业系统处理结果。

•消息应用，如微信/钉钉等，以实现消息平台的整合便于统一发布或展示。

•其他第三方 APP，以便在 APP 中通过链接直接唤醒学习体系。

2）额外的内容运营定制。内容运营定制综合运用云平台与云内容，有机融合二者的功能优势与资源优势，形成一站式的综合服务，全程满足企业用户的培训内容需求，内容运营服务应该包括下列三个步骤（见图 11-12）。

**图 11-12　内容运营服务步骤**

资料来源：本文研究整理。

内容设计，云定制按照用户需求，挑选、重组甚至创新内容库中的课程，为用户量身打造专属的内容系列项目；如酷领导方案、财务那些事、成为 HR 专家的十八掌等，以企业实际需要为纲串联各个课程打造系列方案。

内容落地，云内容结合企业实际，依托 APP 矩阵打造本地化的内容呈现方式，如微课大赛、打卡计划、员工直播秀等，以各类创新方式更好地面向受训者传递内容价值。

数据监测，云内容根据企业要求，依托后台技术，以可视化大屏、学习成长报告、日志分析、学习趋势预测等形式，实时或定期输出包含登录人数、学习率、APP 安装总数、目标学分达标人数等具体指标的各种数据报告。

3）额外的咨询赋能定制。这一类定制是最广泛的拓展层面的定制，与整个培训体系中的平台、内容支点没有直接关系却有内在关联。混合云体系针对的是企业培训，但与培训相关的其他人力资源管理内容甚至是企业管理内容、混合云体系都应有所涉及，从培训之外的其他角度发力，优化培训效果。

（2）定制的用户导向。

1）全程覆盖，即定制的广度衡量。云定制提供的三大类服务有三个方向——基础的技术方向、核心的业务方向、外延的拓展方向，三个方向基本可以覆盖企业用户在使用培训服务的各方面。这实现了予取予求式的定制供给，企业需要的都是云定制可以提供的。

2）精确针对，即定制的深度衡量。三类云定制不是笼统的"万金油"，而是针对明确的"手术刀"，精准发力，贴合企业需求，企业用户的各种问题在云定制中都可以找到具体的可行的且有效的解决方案。这实现了对症下药式的定制供给，体系可以提供的都是有用的。

3）用户反馈，即定制的动态衡量。三类云定制不是开发完成后就静止不动的，而是在实际落地后持续更新的。服务商将定制化服务供给企业，跟踪服务流程，得到实时反馈，据此从服务的使用端形成反馈循环，为改进服务、优化服务提供用户依据。这实现了需求推动的定制供给，体系虽然是服务商的，但企业可以最大化干预。

## 四、企业培训服务的交付：SaaS 模式

企业培训服务的 SaaS 交付是基于对云学堂绚星培训服务的个案研究，结合对云环境下 SaaS 模式的普遍理解，从而总结出一套企业培训服务交付新思路。希望解决当下主流培训服务在交付环节中所面临诸如如何实现服务交付的降本增效、如何实现培训服务供需两端共赢等问题。SaaS 交付是企业培训服务新模式的重要组成部分，从服务的交付角度解释了服务是怎么从服务商手中转交到用户手中的。

1. SaaS 交付的对象：云用户

SaaS 交付是联结服务供需两端的桥梁。前文已经详细介绍了培训服务的供给端——混合云体系，那么在介绍 SaaS 交付之前，有必要先简介培训服务的需求端——云用户。

混合云体系的用户是以中小企业为主体的广大有培训需求的企业。这些中小企业之所以能够成为 SaaS 交付的主要目标，主要是其具备下列三个特征：基数庞大、需求旺盛、预算有限。

2. SaaS 交付的盈利逻辑：租赁收费

SaaS 模式下混合云服务体系统一部署在服务商的云端，由服务商管理并提供服务。用户可以根据实际培训需求向服务商订购所需的培训服务（见图 11-13）。

**图 11-13　SaaS 交付的盈利逻辑**

资料来源：本文研究整理。

服务商的租赁收费包括两部分，公有云租户的固定费用，通常按月度、季度收费；虚拟私有云用户在固定全包费用之外的增值费用。

3. SaaS 交付的技术关键：云数据中心的管理思路与安全保障

SaaS 交付的盈利逻辑如上述，那么支撑其盈利的技术关键又是什么？SaaS 交付的技术逻辑实际上牵涉复杂，以下我们仅从云数据中心的管理与安全保障浅析 SaaS 交付的技术依托。

（1）云数据中心的管理思路：共用数据库独立表+独立数据库。数据中心的管理思路可以概括为"共用数据库独立表+独立数据库"，相应地，数据中心由"1 个共用数据库+N 个独立数据库"构成（见图 11-14）。

1 个共用数据库。该数据库用于储存公有云用户信息、管理公有云用户权限，为公有云用户提供更新、存储、自控、计费等服务清单。

多个租赁用户对应一个共用数据库，在共用数据库内为每个租赁客户建立独立的基本数据表来存储客户的信息，每个表均设置相应租赁客户的 ID 号。每新增一个租赁客户，数据库结构基本不做改动，只需要新建一组基本数据表。

N 个独立数据库。单个租赁用户对应一个独立数据库，每新增一个租赁客户，需要建立一个新的数据库实例。不同的数据库及数据是自然隔离的，数据结构也不存在异构问题。

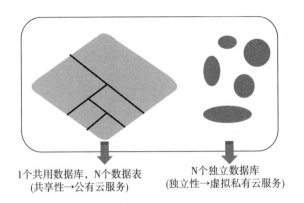

1个共用数据库，N个数据表
(共享性→公有云服务)

N个独立数据库
(独立性→虚拟私有云服务)

**图 11-14　云数据中心的管理思路**

资料来源：本文研究整理。

　　"共用数据库独立数据表+独立数据库"数据中心的管理思路兼顾了共享性和独立性：不同的公有云用户共用一个数据库，既可以实现公有云用户共享培训数据培训资源；又可以极大降低服务商的建设运营成本。不同的虚拟私有云用户各自使用独立的数据库，确保了数据层面的隔离，为满足特定用户的个性化需求奠定了技术基础。

　　（2）云数据中心的安全保障：双重保障。通过对用户数据库设计的解读，显然对企业用户而言，将其有关培训的全部数据以及与混合云体系对接后的其他企业内部数据存放在服务商提供的数据库中，这种数据托管模式使得企业用户数据的专属性、可靠性、安全性面临较大风险。

　　用户数据托管风险主要有两大类：一是外部黑客入侵，利用漏洞获取操作权限和数据；二是 SaaS 运营商监守自盗，泄露企业用户的内部数据。第一种风险是互联网时代在线应用的客观风险，不局限于企业培训服务，也不局限于 SaaS 模式。第二种风险是 SaaS 交付下企业租户基数庞大，面对如此规模的企业信息数据倘若运营商不加规范或是运营商居心不良，极易导致用户信息泄露。针对上述两种数据风险，云数据中心应该建立强有力的数据安全保障机制，具体有技术安全保障和制度安全保障。

　　1）技术安全保障。服务商通过身份认证、权限管理、应用监控、日志管理等措施，保证云数据安全。身份认证可以采用集中式认证、非集中式认证或混合认证方式，通过严格的身份认证，防止非法用户使用系统或伪装成其他用户来使用系统。权限管理实现用户使用系统功能的访问控制，保证有效用户正常使用系统的同时，防止非法用户和无权用户对系统功能的使用。采用稳定的监控系统实时监控软硬件使用情况，防止系统出现不正常的停机、死机和拒绝服务等情况，确保系统安全、可靠和稳定地运行。

2）制度安全保障。服务商通过建立健全公司内部监督机制、SaaS 服务管理制度，保证云数据安全。

建立公司内部监督机制，公司内部网络系统严格划分内网、外网的不同职能，做到内外有别，防止和处理突发事件，制定了突发事件和敏感时期处置工作预案，处理突发事件要及时果断，最大限度地遏制突发事件的影响和有害信息的扩散。

健全 SaaS 服务安全管理制度，体系部署人员、平台运营维护人员、内容开发人员、服务联络人员等不同角色专人专任，禁止其对用户数据进行任何非法操作。

## 五、"混合云+SaaS" 新模式的优势：降本增效

### 1. 混合云体系的降本增效

混合云体系作为新模式的开发逻辑，其优势主要体现在增加培训效益上。

（1）服务商的增效。一是创新运营模式。通过建立起一个成形的云服务体系来满足无数云用户需求，使得培训服务云体系成为一种不断创造收益且相对稳定的资产。这种稳健的运营模式使服务商能够将更多精力放在产品完善和推广中，不断提高客户服务质量，形成良性循环。二是紧跟技术发展趋势。培训服务的混合云构建能够使得服务商紧跟技术潮流。混合云构建下可以在培训服务供给端打造一个全新的业务生态，大量的技术研发企业可以参与到这个生态中，从而开展相应的技术创新交流。

（2）企业用户的增效。一是便捷新技术获取。培训服务混合云体系由服务商专门开发，并通过专业的团队、专门的体系维护部门进行持续的更新维护，使得体系不断引入各种前沿理论，获取各种新技术，从多方面出发贴合企业自身和用户需求，满足企业的战略需要和产品及服务用户的需求。二是提升资源整合能力。混合云体系能够全面整合企业用户内部的各种资源，打破企业内部长期存在的信息孤岛，从根本上实现企业内部各个系统间信息的互联互通。

2. SaaS 交付的降本增效

SaaS 交付作为新模式的交付逻辑，其优势主要体现在降低培训成本上。

（1）服务商的降本。降低运营维护成本，传统培训服务商的运维模式是一对多模式，即维护人员必须同时维护多套软件，无形中加重了工作负担。同时由于客户遍布各地，员工不得不到处奔波，耗费了大量时间精力，且不能保证维护质量，维护成本也居高不下。当软件经由云端提供后，相应的运维模式就转化为一对一模式，即维护人员只需维护 SaaS 交付的一套混合云体系即可。这提高了客服响应效率和维护质量，降低了维护成本。

（2）企业用户的降本。一是降低信息化建设成本。SaaS 作为云计算的重要技术应用，能够全面降低企业用户包括硬件设备采购、技术团队搭建、软件研发等各项建设成本，根据企业用户需求，制定信息化规划，在系统需求的基础上降低采购成本，进行标准化建设，企业用户只需要提出培训需求即可，其他事项交托服务商，这使得整个培训服务的供给趋于便捷。二是降低投资成本。在培训服务开发投资上，企业用户不需要重金自建或外购，企业只需以相对低廉的月费租赁，就可以获得不亚于培训服务体系自有的使用性能。在培训服务维护投资上，采取租赁的方式来进行员工培训，不需要为培训体系支付额外的运维费用，也不需要考虑培训服务体系成本折旧问题。这在很大程度上缓解了企业在人力、财力上的压力，使企业能够集中资金运营核心业务，将更多的精力投入到业务拓展和产品创新中。

## 资料来源

［1］彭晓惠，温明 . SaaS 软件服务与中小企业 ERP 系统的应用研究［J］. 电子设计工程，2011（11）：19-21.

［2］周昱曦，苏毅 . "互联网+" 时代的员工云平台教育培训模式［J］. 当代经济，2016（10）：103-104.

［3］赵麟，冯华 . 区域性高校教育资源云平台共享模式的构建［J］. 教学论，2014（14）：141-142.

［4］李豫波 . 论云计算在企业职工培训中的作用分析［D］. 同济大学，2009.

［5］崔晓 . "互联网+" 时代，移动学习方式在企业培训中的应用［J］. 中国电力教育，2016（2）.

［6］许同文 . UGC 时代受众的角色及内容生产模式［J］. 理论视野，2014

（9）：18-20.

［7］唐瑶，余胜泉，杨现民 . 基于学习元平台的教育内容策展工具设计与实现［J］.学习资源与技术，2016（216）：86-114.

 **经验借鉴**

本案例重点分析了云学堂信息科技有限公司的绚星企业培训服务，从中得到经验如下：①开发逻辑具体包括"云平台、云内容、云定制"这三大云服务。公有云是混合云体系的主体，服务商开发运维一套公有云，满足无数企业用户的通用化需求。虚拟私有云是混合云体系的重要组成部分，虚拟私有云是对公有云的额外补充，满足某些用户在使用公有云之外仍然无法满足的个性化需求。②交付逻辑，交付逻辑探讨了如何利用 SaaS 更经济、更安全地将混合云服务交付给用户。我们认为 SaaS 交付需要关注其租赁收费的盈利逻辑，以及以云数据中心的管理思路与安全保障为主的技术管理逻辑。

 **本篇启发思考题**

1. "混合云+SaaS"模式创建动因是什么？
2. 云学堂信息科技有限公司开发的绚星对于整个培训行业有何借鉴作用？
3. 云交付主要存在哪些风险？
4. "混合云+SaaS"模式有何特点？
5. 云技术对企业管理创新有何影响？

## 结论篇
# 新时代浙商转型和管理升级经验和启示

从近 20 年来浙江企业转型和管理升级案例的分析，我们可以得出至少如下六大经验与启示。

1. 坚持价值创新，提高机会识别能力

价值创新是创业企业生存和发展的重要手段，新创企业具有"新生弱性"和"小而弱性"，面临着内部资源匮乏和外部环境压力双重压迫，而企业创新又需要一定的物质和人力等资源作为基础，一般情况下新创企业的创新遭受着较大的阻力。因此，新创企业必须寻求一条适合自身的创新之路，既能降低生产成本，又能提升产品价值，让消费者易于接受，这种创新形式即为"可负担的价值创新"。首先，新创企业应利用手边资源适应市场变化、解决资源匮乏难题。浙江博联智能科技有限公司通过积极运用拼凑理论，采用新视角挖掘已有资源的价值，开拓新领域，不仅于高死亡率、低寿命的中小企业生存环境中存活下来，还实现了自我突破与发展，公司目前拥有国家发明专利 7 项，实用新型专利 14 项，已成为浙江重要的智能制造方案提供商，是新创企业运用拼凑理论实现成长的典型代表。其次，机会识别能力有助于创业企业有效运用创业资源，促进企业发展。江苏创合新能源科技有限公司通过构建制度杠杆与技术创新双轮能力，提高机会识别能力。其中，制度杠杆能力能够帮助"创二代"识别大环境当中的有利因素，这包括制度优惠政策、有效创业机会等，同时还能帮助提升技术创新能力；技术创新能力为"创二代"提供技术支持、提升业务水平的同时，能为其抓住有利制度因素提供技术可能。因此，想要有效地提升创业成功率，首先要提升制度杠杆能力，识别出最佳的创业机会，同时要提高技术创新能力，促进机会的有效利用。

2. 做好企业文化顶层设计，凝心聚力促进企业发展

企业文化是企业的魂，是企业经久不衰的动力源泉。良好的企业环境和员工素养的提高，离不开优秀企业文化的塑造作用。党建是企业文化建设内

容之一，把党建融入企业文化，再根据企业实际情况来建设属于企业自身的独特文化是企业文化建设的有效方式。红狮控股集团从理念层、制度层、行为层、物质层构建集团党建文化体系。红狮集团通过卓有成效的党建工作，做到齐心聚力，注重引领，党建为体，文化为翼，相辅相成，构筑了以"家文化"和"狮文化"为代表的企业文化，使企业全体员工形成文件共识，促进了企业又快又好发展，成为民营企业通过党建工作构建企业文化从而获得成功的典型，为其他企业的党建文化体系构建提供了参考范例。另一个企业文化建设典型案例为浙江路联装饰材料有限公司凝练的"1+2+4"企业文化，"1"代表企业的一个使命"成为中国皮革行业的引航者"，走出国门，远销海外市场；"2"代表两大愿景：对外"为中国经济贡献强大力量"，对内"为企业员工创造更多财富"，尽到一个企业的社会责任；"4"代表的是企业的四大价值观"以人为本""诚实守信""团队协助""积极进取"。在"1+2+4"企业文化的引领与熏陶下，公司注重企业文化建设，重视人文素养熏陶，设立了创始人自主补缺模式，同时也定期为员工提供培训进修机会，提升企业的文化素养，还定期对企业员工进行人文关怀。在该企业文化的渲染下，企业员工认同感与归属感逐渐增强，企业核心凝聚力也不断增强，员工齐心协力为企业服务。

3. 规划创新模式，提高创新能力

创新能力是技术和各种实践活动领域中不断提供具有经济价值、社会价值、生态价值的新思想、新理论、新方法和新发明的能力。杭州佳偶太阳能电器有限公司面对生产制造附加值较低、市场竞争激烈的市场环境，不断提高创新能力，企业顺利转型。公司从单一生产热水器转型"以琳"品牌推进BOT模式的校园节能热水供应服务，提供"产品+服务"的业务创新模式，开始向服务化转型。在向服务化转型的过程中，加大产品创新力度，围绕工程市场、校园市场推出了物联网太阳能、全自动智能控制节能热水系统，适应如雨后春笋般涌现的集热工程市场与校园节能热水服务需求，不断提高节能热水供应服务质量。公司通过战略转型路径—制造服务化、战略转型方式—渐进式创新，成功由一家低端的太阳能热水生产企业转型升级成为一家中高端的主营节能热水系统集成的制造服务型企业。而杭州金舟科技股份有限公司通过运用6S管理赋能，实现企业理念创新、技术创新和制度创新，推陈出新、大胆改革，倒逼企业走上可持续发展的创新之路。

4. 优化价值链管理，提高转型升级竞争力

"价值链"这一概念由迈克尔·波特（Michael Porter）于 1985 年提出，他将一个企业的经营活动分解为若干战略性相关的价值活动，每一种价值活动都会对企业的相对成本地位产生影响，并成为企业采取差异化战略的基础。传统的价值链模式主要有产品设计、原料采购、仓储运输、批发零售等几项环节。由于社会化分工与规模经济效应，传统的企业缺乏比较优势。浙江天昱家具科技有限公司运用微笑曲线理论优化价值链管理，主要有三个基本策略：力争上游、研发创新，实施自主知识产权策略；守住中游、蓄势待发，实施比较优势策略；拓展下游、营销创新、实施自主品牌策略。公司在优化价值链管理过程中，上游注重新产品研发投入，实施自主知识产权策略；中游在生产制造环节不断引进先进的生产设备实现自动化生产，摆脱传统制造业的加工组装低利润困境，实现生产线的去人工化以提高生产效率；下游以用户需求为中心，营销创新、实施自主品牌策略。浙江路联装饰材料有限公司将原有的产品设计—原料采购—仓储运输—订单处理—批发经营—零售"6+1"价值链模式，由于批发经营与零售、成品库存等成本高，公司采取订单化定制生产，增加了产品的多样性，降低库存成本，并且与批发商、零售商合作，改变自营销售产品成本高的情况，提出"4+0"价值链新模式，使得企业能够灵活地适应市场的变化，提高竞争力。

5. 注重转型战略规划，构建代工自主品牌建设

代工企业 OEM 生产起源于 20 世纪六七十年代欧美等发达国家的服装行业，很快便在 IT 和消费类电子产品等行业盛行，按这种方式生产销售的产品越来越多，现已成为企业生产经营的新趋势。但是，随着国内生产成本的不断提高，处在价值链末端的传统代工企业遭遇发展危机。台州劲霸健康科技有限公司经过 30 多年的发展，从一家代工企业成长为一家拥有自营进出口权，集开发、设计、生产、营销于一体，拥有各类专业技术和管理人才，一流生产设备和先进管理模式的美发美容用具制造企业，主要经验：①代工企业要有长远的战略眼光。品牌建设是一个长期的发展过程，劲霸很早就认识到自主品牌的重要性，找到适合自己的发展转型方式，利用其拥有的资源及竞争优势实现全球价值链上的转型和升级，利用国际品牌的销售渠道实现自有品牌产品的营销。②代工企业要注重创新创造能力的培育。劲霸一直倡导打破传统的产品观念，树立创新意识，引入先进的企业管理方式和人才。为企业转型升级做准备。③自主品牌塑造要以顾客需求为出发点。由于劲霸创

立的品牌 Amaxy 主要面对北美欧洲的市场，所以企业需要设计适合当地居民喜好的产品，为此劲霸深入了解当地居民的喜好，挖掘流行元素融入产品设计中，同时保留一些自己的产品特征。④代工企业转型的前提是技术的不断进步。在企业 OEM-ODM-OBM 过程中，越向上游前进，对企业的要求越高，特别是 OBM 阶段，需要企业拥有自己的营销网络和研发能力。代工企业要利用为发达国家企业开展 OEM 业务的机会，有意识地积累自己的制造经验，逐步增强自主开发和设计能力，提升自身的素质和能力，培养核心竞争力，为最终成功打造品牌打下基础。

6. 探索代际传承创新模式，推进企业持续发展

代际传承是指家族企业中两代人之间的企业传递与继承，代际传承是家族企业持续成长过程中面临的最难应对的挑战之一。Churchill 和 Hatten (1997) 将父子两代生命周期考虑进企业的代际传承中，提出了四阶段模型，并将企业的代际传承过程划分为：所有者单独管理阶段、新一代的培训和发展阶段、父子合伙阶段、权力传递阶段四个阶段。浙江华意汽配有限公司采用代际传承组合创业耦合模式，即融合四阶段传承模型和组合创业模式，相互补充，助力企业成功实现权力的更替。代际传承主要经验：①生命周期传承模型实现权力有效转移。基于父子生命周期四阶段的传承模型在考虑父子两代生命周期的同时，首次将家族企业代际传承的研究拓展到二维空间，使得个体在不同阶段产生的影响力得以量化。②组合创业形式催化企业转型升级。组合创业是家族性资源传承与更新的有效途径。在其发展的四个阶段中，家族性资源与社会性资源产生不同程度的交互作用，从而推动组合创业从适应性到选择性的转变，最终实现企业的转型升级。③创新传承路径，推动传统制造企业实现长青。与家族企业直接交接、寻找职业经理人等传统企业代际传承模式不同的传承路径——基于企业代际传承生命周期的组合创业模式（代际传承与组合创业耦合路径），让一代创始人的家族性资源作为延伸和扩大家族产业链的支撑，二代继承人先进的管理理念、技术创新体系和创新创业精神等社会性资源作为补充，注入家族企业的发展之中，或能实现企业优势的最大化，推动传统制造业的长足繁荣。

通过一个个浙江省大学生经济管理案例竞赛获奖文本，用学生的脚步亲身深入企业调研、用学生的视野亲眼分析企业现状、用学生的观点亲自凝练管理特色、用学生的笔触亲笔撰写管理启示，"以赛促教、以赛促学、学赛结合"，将对传承新时代浙商精神，引领企业发展和助推中国和浙江的

经济高质量发展起到重要作用。新时代浙商不忘初心，牢记使命，凝聚力量，打响品牌，展现形象，突出做"强"，突出高质量发展和国际竞争力，在振兴实业、发展新经济、打造现代化经济体系上更加积极有为，奋力实现新飞跃。